POR UMA
EDUCAÇÃO ROMÂNTICA

RUBEM ALVES

POR UMA
EDUCAÇÃO ROMÂNTICA

PAPIRUS EDITORA

Capa	Fernando Cornacchia
Foto de capa	Rennato Testa
Copidesque	Lúcia Helena Lahoz Morelli
Diagramação	DPG Editora
Revisão	Antônio Carlos Ramos da Silva Jr. e Maria Lúcia A. Maier

---

Dados Internacionais de Catalogação na Publicação (CIP)
(Câmara Brasileira do Livro, SP, Brasil)

Alves, Rubem, 1933-
 Por uma educação romântica/Rubem Alves. – 9ª ed. – Campinas,
SP: Papirus, 2012.

ISBN 978-85-308-0671-2

1. Crônicas brasileiras 2. Educação 3. Educação – Finalidades
e objetivos. I. Título.

12-10416   CDD-370

Índices para catálogo sistemático:

1. Educação: Textos: Coletâneas   370

9ª Edição – 2012
7ª Reimpressão – 2024
Tiragem: 80 exs.

Exceto no caso de citações, a grafia deste livro está atualizada segundo o Acordo Ortográfico da Língua Portuguesa adotado no Brasil a partir de 2009.

Proibida a reprodução total ou parcial da obra de acordo com a lei 9.610/98.
Editora afiliada à Associação Brasileira dos Direitos Reprográficos (ABDR).

DIREITOS RESERVADOS PARA A LÍNGUA PORTUGUESA:
© M.R. Cornacchia Editora Ltda. – Papirus Editora
R. Barata Ribeiro, 79, sala 316 – CEP 13023-030 – Vila Itapura
Fone: (19) 3790-1300 – Campinas – São Paulo – Brasil
E-mail: editora@papirus.com.br – www.papirus.com.br

*Para as crianças da Escola da Ponte que
me abriram os olhos e me fizeram pensar
pensamentos novos...*

SUMÁRIO

OS QUE ESTÃO LONGE VEEM MELHOR
DO QUE OS QUE ESTÃO PERTO...9

APRESENTAÇÃO À EDIÇÃO PORTUGUESA.....................13
Ademar Ferreira dos Santos

GAIOLAS OU ASAS?..29
O OLHAR DO PROFESSOR.......................................33
O PRAZER DA LEITURA 39
DÍGRAFO...45
SOBRE DICIONÁRIOS E NECROTÉRIOS 51
SOBRE A FUNÇÃO CULTURAL DAS PRIVADAS 57
ANIMAIS DE CORPO MOLE 63
SOBRE MOLUSCOS, CONCHAS E BELEZA.......................71

PRIMEIRA LIÇÃO PARA OS EDUCADORES 75

A CASA – A ESCOLA 81

CASAS QUE EMBURRECEM 87

O IPÊ E A ESCOLA 93

PICOLÉPOLIS 99

O CANTO DO GALO.. 103

CARO PROFESSOR... 109

VOLTANDO A SER CRIANÇA... 115

UM DISCRETO BATER DE ASAS DE ANJOS... 121

"QUE VONTADE DE CHORAR..." 129

"O SENHOR COMPRA UM SALGADINHO
PARA ME AJUDAR?" 137

ELA NÃO APRENDEU A LIÇÃO 145

SOBRE A VIDA AMOROSA DAS ESTRELAS DO MAR 151

EM LOUVOR À INUTILIDADE 157

"... E UMA CRIANÇA PEQUENA OS GUIARÁ" 163

QUALIDADE EM EDUCAÇÃO 169

O QUE É CIENTÍFICO? 173

EM DEFESA DOS JOVENS 179

"O HOMEM DEVE REENCONTRAR O PARAÍSO..." 185

RESUMINDO... 191

JARDINS 197

"... É ASSIM QUE ACONTECE A BONDADE..." 203

OS QUE ESTÃO LONGE
VEEM MELHOR DO QUE OS
QUE ESTÃO PERTO...

Rubem Alves

É preciso contar como a ideia deste livro nasceu. Aconteceu há cerca de dois anos: comecei a receber, via internet, mensagens de Portugal. Escrevia-me um desconhecido, Ademar Ferreira dos Santos, educador, diretor do "Centro de Formação Camilo Castelo Branco", na Vila Nova de Famalicão, vizinhança de Braga. Havia recebido de uma amiga brasileira radicada em Portugal um livrinho intitulado *Estórias de quem gosta de ensinar*. Estórias curtas sobre o cotidiano das escolas, seus absurdos, o sofrimento das crianças e a confiança de que a educação pode ser diferente, se formos inteligentes e sensíveis. O Ademar sentiu imediatamente que o autor daquele livrinho, Rubem Alves, era um irmão seu, pois ele pensava muito parecido, por vezes igual. Foi assim que se iniciou, à distância, a nossa amizade.

O Ademar veio então com uma proposta: perguntou-me se eu não poderia ir passar uma semana em Portugal. "Mas claro", respondi. Aí veio ele com uma consulta. O Ademar é assim, sempre cheio de ideias. Disse-me que gostaria de publicar uma coletânea de artigos meus, já publicados no Brasil, sem objetivos comerciais. A Papirus Editora não se opôs, e fui para Portugal sabendo que lá estariam, à minha espera, uns livrinhos de edição barata (pois não iam ser distribuídos gratuitamente?), com uma coleção de crônicas.

Mas, quando vi os livros, fiquei assombrado. Eram lindos, artísticos, todas as crônicas com ilustrações feitas por jovens adolescentes. E o mais assombroso: a conta tinha sido paga pela Câmara Municipal da Vila Nova de Famalicão, que me recebeu numa sessão especial acolhedora e amiga. O seu "Prefácio" foi escrito pelo seu presidente, senhor Agostinho Fernandes, que notou a combinação que sempre uso quando escrevo: é preciso que o texto seja belo, é preciso que seja controvertido: uma colher de açúcar, uma mordida na pimenta...

O título do livro foi invenção do Ademar: *Por uma educação romântica: Brevíssimos exercícios de imortalidade.*

É isso aí. Eu já confessei: educar é a forma que tenho de me imortalizar. Um educador não morre nunca...

Estamos, agora, a dar continuidade à experiência de Portugal, muito embora os livros tenham de ser vendidos, posto que não há nenhuma Câmara Municipal que se disponha a pagar as contas... Esta edição brasileira não é igual à edição portuguesa. Textos inéditos foram incluídos enquanto outros foram retirados. Mas a ideia é a mesma: um bufê de textos a serem lidos como quem come: a degustar, vagarosamente, bovinamente, ruminantemente...

O que permanece, de um texto, não é o que está escrito mas aquilo que ele faz pensar. Eu jamais pediria que um aluno repetisse o que um autor escreveu, num texto. Jamais pediria que ele "interpretasse" o autor. Pediria, ao contrário, que ele escrevesse os pensamentos que ele pensou, provocado pelo que leu...

Permanece o título. Permanece, também, a "Apresentação" que o Ademar escreveu para os leitores portugueses. Por vezes aqueles que estão longe veem melhor do que aqueles que estão perto...

APRESENTAÇÃO À
EDIÇÃO PORTUGUESA

Pedagogo, poeta e filósofo de todas as horas, cronista do cotidiano, contador de estórias, ensaísta, teólogo, acadêmico, autor de livros para crianças, psicanalista, Rubem Alves é um dos intelectuais mais famosos e respeitados do Brasil. Confessando ter horror ao ventriloquismo, Rubem Alves é uma voz singularíssima que não cabe nas taxonomias habituais dos profissionais da rotulagem:

> Tudo o que eu escrevo (...) é sempre uma meditação sobre mim mesmo. Estamos condenados ao nosso próprio mundo.
> (*A gestação do futuro*)

Nascido no dia 15 de setembro de 1933 em Dores da Boa Esperança, uma pequena cidade do sul do estado de Minas Gerais, Rubem Alves, educado no seio de uma família protestante, muito cedo teve de se confrontar com a sua diferença. Em *Dogmatismo e tolerância*, ele conta como a vergonha de ser diferente virou orgulho de ser diferente e como, pouco a pouco, foi aprendendo a coragem (e o imperativo ético) de contrapor a voz da consciência individual à voz das autoridades constituídas. O destino inscrito na sua diferença leva-o, depois do Liceu, a estudar teologia no seminário Presbiteriano do Sul, um dos mais conhecidos seminários evangélicos da América Latina.

> Meu pai era rico, quebrou, ficou pobre. Tivemos de nos mudar. Dos tempos de pobreza só tenho memórias de felicidade. Albert Camus dizia que, para ele, a pobreza (não a miserabilidade) era o ideal de vida. Pobre, foi feliz. Conheceu a infelicidade quando entrou para o Liceu e começou a fazer comparações. A comparação é o início da inveja que faz tudo apodrecer. Aconteceu o mesmo comigo. Conheci o sofrimento quando melhoramos de vida e nos mudamos para o Rio de Janeiro. Meu pai, com boas intenções, me matriculou num dos colégios mais famosos do Rio. Foi então que me descobri caipira. Meus colegas cariocas não perdoaram meu sotaque mineiro e me fizeram motivo de chacota. Grande solidão, sem amigos. Encontrei acolhimento na religião. Religião é um bom refúgio para os marginalizados. (www.rubemalves.uol.com.br)

Concluído o seminário, torna-se pastor de uma comunidade presbiteriana no interior de Minas e casa com Lídia Noppes, de quem viria a ter três filhos, Sérgio, Marcos e Raquel. Depressa, porém, o pastor tomou consciência de que a sua ousadia evangélica o levava para terrenos difíceis.

> Eu achava que religião não era para garantir o céu, depois da morte, mas para tornar esse mundo melhor, enquanto estamos vivos. Claro que minhas idéias foram recebidas com desconfiança... (www.rubemalves.com.br)

Em 1963, viaja para Nova York para fazer uma pós-graduação. É aí que o Golpe Militar de 31 de março de 1964 o surpreende, nas vésperas de conclusão do mestrado. Defendida a tese ("A theological interpretation of the meaning of the Revolution in Brazil"), regressa à sua paróquia, em Lavras, onde deixara mulher e filhos. No prefácio que escreveu em 1987 para a tradução brasileira de *Towards a theology of liberation* (título original, em inglês, da sua tese de doutoramento, editada em 1969 nos Estados Unidos), Rubem Alves descreve as experiências do medo e da covardia que viveu no seu regresso atribulado ao Brasil.

> Voltei ao Brasil. Comecei a aprender a conviver com o medo. Antes eram só as fantasias. Agora, sua presença naquele homem que examinava o meu passaporte e o comparava com

uma lista de nomes. Ali ficava eu, pendurado sobre o abismo, fingindo tranqüilidade (qualquer emoção pode denunciar), até que o passaporte me era devolvido. No caminho do aeroporto para a minha casa, no carro de um amigo, o início das confirmações: "– Olha, Rubem, foi enviado ao Supremo Concílio um documento de acusações a seis pastores, e você é um deles. E circula também o boato de que você foi denunciado à ID-IV, de Juiz de Fora..."

Era o início de uma grande solidão. Primeiro, eu tinha de voltar à paróquia da qual eu era pastor, lá em Minas. E eu me lembro daquela noite, no ônibus, a caminho de Lavras, a viagem interrompida pelos militares que fiscalizavam a Fernão Dias, e eles, pausadamente, indo de pessoa a pessoa, no escuro, eu não podia ver os seus rostos, as lanternas iluminando a lista dos procurados, que traziam nas mãos, iluminando os documentos de cada um e, finalmente, o foco de luz sobre o rosto. Eu já vira coisas assim no cinema: a qualquer momento a possibilidade de ser arrastado para o escuro, sem saber se voltaria. Estas coincidências: justamente naquele dia a cidade tinha sido tomada. Militares vindos de fora realizavam o seu trabalho. O quartel da polícia já estava cheio de presos. Como explicar, quando chegasse a minha vez, os livros da minha biblioteca? Foi uma noite inteira abrindo caixotes, separando livros, queimando, enfiando outros em sacos para serem jogados no rio. Lembro-me que um deles foi *Communism and the theologians*, de Charles West, coisa perfeitamente inocente. Mas a capa era vermelha, e havia a foice e o martelo. Lá se foi ele, consumido pelas chamas – e em tudo o sentimento de um grande e absurdo pesadelo.

Cedo, de manhã, meus amigos me aconselharam a sair da cidade. Só voltei um mês depois. E havia aquelas acusações contra os seis pastores junto ao Supremo Concílio da Igreja Presbiteriana do Brasil. Dirigi-me à autoridade competente, solicitando uma cópia do documento. Foi-me dito que eu não podia ser informado das acusações que pesavam sobre mim. Só obtive uma cópia do mesmo porque um amigo a furtou. Eram mais de quarenta acusações: que pregávamos que Jesus tinha relações sexuais com uma prostituta, que nos deleitávamos quando nossos filhos escreviam frases de ódio contra os americanos, nas latas de leite em pó por eles doadas (eram os anos do programa "Alimentos para a Paz"), que éramos subvencionados com fundos vindos da União Soviética. O bom do documento estava justamente na sua virulência: nem os mais obtusos podiam crer que fôssemos culpados de tantos crimes. Mas o trágico era precisamente isto: que pessoas da igreja, irmãos, pastores e presbíteros, não tivessem um mínimo de sentimentos éticos, e estivessem assim tão prontos a nos delatar.

Depois foi a delação direta aos militares. Era uma tarde bem fria, sábado. O Sílvio Menicucci, prefeito, amigo, me telefonou.

"– Venha aqui ao Hotel Central. Há um advogado de Juiz de Fora com documentos que são do seu interesse."

Não disse mais nada. Não precisava. Compreendi. E gelei. Lá estava o "dossiê", resultado da incursão militar de meses antes. Eu era um dos indiciados. O que mais doeu foi que uma das peças básicas da denúncia era um documento da direção do Instituto Gammon, escola protestante, que

17

funcionava numa chácara que pertencera ao meu bisavô, e que a vendera aos missionários que fugiam da epidemia de febre amarela em Campinas, nos fins do século passado. As acusações não eram frontais. Sugestões. Nada temos a ver com este senhor. Mãos lavadas.

Vim a Campinas, para pedir que o "Board" diretor me defendesse. Mas o que encontrei, de novo, foram mãos bem lavadas. E foi sempre assim. Parecia-me que os protestantes tinham horror absoluto a qualquer pessoa que estivesse sendo acusada. "Quem não deve não teme": o temor já era prova suficiente da culpa. Além do mais, é muito perigoso ser amigo de quem foi delatado. Está lá no Cancioneiro da Inconfidência: "Quando a desgraça é profunda, que amigo se compadece?" Amigo de bruxa deve gostar de bruxaria. Quem apareceu para ajudar, de forma absolutamente gratuita, foi o Eugênio, maçon, que eu mal conhecia. Enfermeiro, parteiro, destas pessoas que conhecem a cidade inteira. Bateu à minha porta. Fui atender.

"– Nós soubemos que o senhor está em dificuldades. Queremos nos oferecer para ajudá-lo..."

E lá foi ele comigo, até Juiz de Fora, abrindo portas com os mágicos sinais da maçonaria. Não o esqueci. Mas não havia nada que pudesse ser feito.

Eu estava muito cansado. Compreendi a inutilidade da luta. Queria ir embora, para longe do medo: poder amar e brincar sem sobressaltos, recuperar o prazer perdido de falar meus pensamentos sem virar a cabeça, à procura de ouvidos, sem baixar minha voz...

Foi então que a United Presbyterian Church – EUA (Igreja Presbiteriana Unida dos Estados Unidos da América do Norte), em combinação com o presidente do seminário teológico de Princeton, me convidaram a fazer um doutoramento. Não me esqueço nunca do momento preciso quando o avião decolou. Respirei fundo e sorri, descontraído, na deliciosa euforia da liberdade. Ainda hoje, quando um avião decola, sinto de novo aquele momento.

Mas, se na partida está a euforia da liberdade, na chegada está a tristeza do exílio. Aquele não era o meu mundo.

O exílio dura até 1968. Doutorado, volta ao Brasil para se despedir da Igreja Presbiteriana e experimentar o desemprego. Em 1969, uma faculdade do interior (a Faculdade de Filosofia de Rio Claro) acolhe-o. Aí permanecerá até 1974, ano em que finalmente ingressa no Instituto de Filosofia da Universidade Estadual de Campinas (Unicamp), onde fará a maior parte da sua carreira acadêmica até se aposentar nos primórdios da década de 1990.

Na Unicamp, foi colega de Paulo Freire, um dos mais celebrados pedagogos do século XX. O ingresso de Freire na Unicamp, em 1980, fica de resto marcado por uma tomada de posição de Rubem Alves que espelha, de uma forma eticamente irrefragável, toda a sua estatura acadêmica.

Cumprindo burocracias obsoletas, a reitoria da Unicamp encarregara o professor titular Rubem Alves de elaborar um parecer sobre Paulo Freire que, de alguma forma, avalizasse a sua admissão na universidade. Exigência ridícula, dada a projeção e o prestígio do ilustre pedagogo.

Aproveitando a oportunidade, Rubem elabora um não parecer em que discorre, ironicamente, sobre o absurdo da tarefa que lhe fora encomendada.

O objetivo de um parecer, como a própria palavra o sugere, é dizer a alguém que supostamente nada ouviu e que, por isto mesmo, nada sabe, aquilo que parece ser, aos olhos do que fala ou escreve. Quem dá um parecer empresta os seus olhos e o seu discernimento a um outro que não viu e nem pôde meditar sobre a questão em pauta. Isto é necessário porque os problemas são muitos e os nossos olhos são apenas dois...

Há, entretanto, certas questões sobre as quais emitir um parecer é quase uma ofensa. Emitir um parecer sobre Nietzsche ou sobre Beethoven ou sobre Cecília Meireles? Para isto seria necessário que o signatário do documento fosse maior que eles e o seu nome mais conhecido e mais digno de confiança que aqueles sobre quem escreve...

Um parecer sobre Paulo Reglus Neves Freire.

O seu nome é conhecido em universidades através do mundo todo. Não o será aqui, na Unicamp? E será por isto que deverei acrescentar a minha assinatura (nome conhecido, doméstico) como avalista? Seus livros, não sei em quantas línguas estarão publicados. Imagino (e bem pode ser que eu esteja errado) que nenhum outro dos nossos docentes terá publicado tanto, em tantas línguas. As teses que já se escreveram sobre seu pensamento formam bibliografias de muitas páginas. E os artigos escritos sobre o seu pensamento e a sua prática educativa, se publicados, seriam livros.

O seu nome, por si só, sem pareceres domésticos que o avalisem, transita pelas universidades da América do Norte e da Europa. E quem quisesse acrescentar a este nome a sua própria "carta de apresentação" só faria papel ridículo.

Não. Não posso pressupor que este nome não seja conhecido na Unicamp. Isto seria ofender aqueles que compõem seus órgãos decisórios.

Por isso o meu parecer é uma recusa em dar um parecer. E nesta recusa vai, de forma implícita e explícita, o espanto de que eu devesse acrescentar o meu nome ao de Paulo Freire. Como se, sem o meu, ele não se sustentasse.

Mas ele se sustenta sozinho, Paulo Freire atingiu o ponto máximo que um educador pode atingir.

A questão é se desejamos tê-lo conosco. A questão é se ele deseja trabalhar ao nosso lado.

É bom dizer aos amigos:

– Paulo Freire é meu colega. Temos salas no mesmo corredor da Faculdade de Educação da Unicamp...

Era o que me cumpria dizer.

Autor de uma vastíssima obra (a sua bibliografia conta já mais de 50 títulos), de forte pendor autobiográfico, Rubem Alves é um dos mais luminosos artífices da língua portuguesa, cuja plasticidade tem atingido nos seus textos formas, cambiantes e expressões de rara e sempre surpreendente singularidade.

Golpes duros na vida me fizeram descobrir a literatura e a poesia. Ciência dá saberes à cabeça e poderes para o corpo. Literatura e poesia dão pão para corpo e alegria para a alma. Ciência é fogo e panela: coisas indispensáveis na cozinha. Mas poesia é o frango com quiabo, deleite para quem gosta... Quando jovem, Albert Camus disse que sonhava com um dia em que escreveria simplesmente o que lhe desse na cabeça. Estou tentando me aperfeiçoar nessa arte, embora ainda me sinta amarrado por antigas mortalhas acadêmicas. Sinto-me como Nietzsche, que dizia haver abandonado todas as ilusões de verdade. Ele nada mais era que um palhaço e um poeta. O primeiro nos salva pelo riso. O segundo pela beleza. Com a literatura e a poesia comecei a realizar meu sonho fracassado de ser músico: comecei a fazer música com palavras. Leituras de prazer especial: Nietzsche, T.S. Eliot, Kierkegaard, Camus, Lutero, Agostinho, Ângelus Silésius, Guimarães Rosa, Saramago, *Tao Te Ching*, o livro de *Eclesiastes*, Bachelard, Octavio Paz, Borges, Barthes, Michael Ende, Fernando Pessoa, Adélia Prado, Manoel de Barros. Pintura: Bosch, Brueghel, Grünnenwald, Monet, Dalí, Larsson. Música: canto gregoriano, Bach, Beethoven, Brahms, Chopin, César Franck, Keith Jarret, Milton, Chico, Tom Jobim. Sou psicanalista, embora heterodoxo. Minha heterodoxia está no fato de que acredito que no mais profundo do inconsciente mora a beleza. Com o que concordam Sócrates, Nietzsche e

Fernando Pessoa (leia o poema "Eros e Psique", de Fernando Pessoa). Exerço a arte com prazer. Minhas conversas com meus pacientes são a maior fonte de inspiração que tenho para minhas crônicas. (www.rubemalves.uol.com.br)

Residindo há várias décadas em Campinas, de que se orgulha de ser cidadão honorário (o título de cidadão campineiro foi-lhe atribuído em 1996 pela Câmara Municipal de Campinas), Rubem Alves é hoje, cada vez mais, com mais de 60 anos, um apaixonado da vida, um compulsivo fruidor da vida. Ainda não escreveu todos os textos e todos os livros que traz no pensamento, ainda não sentiu, amou, brincou e riu o bastante, ainda não respondeu a todas as cartas e mensagens dos amigos, ainda não contou às netas todas as estórias que elas seriam capazes de adivinhar, ainda não provou de todas as ausências e de todas as saudades, ainda não espreitou todos os mistérios do mundo e dele próprio... (...)

Por uma educação romântica é a primeira antologia de textos de Rubem Alves que se publica em Portugal. Basicamente, trata-se de uma antologia de crônicas, já que quase todos os textos selecionados foram, na sua versão original, publicados em jornais, nomeadamente, o *Correio Popular*, de Campinas, e a *Folha de S.Paulo*. Posteriormente, muitos deles viriam a ser reunidos em livro.

Rubem Alves não é – tranquilize-se ou desiluda-se o leitor – um cientista da educação. É mais um contador de estórias da educação, uma espécie de feiticeiro que convoca e esconjura os espíritos perversos da parafernália educacional que nos domina e que, com a magia das suas palavras, devolve a esperança aos pedagogos que já se supunham condenados para sempre à inutilidade e à impotência...

Cronista implacável dos absurdos e arcaísmos da educação e do ensino, que, de uma forma quase sempre irônica, tão consistentemente tem sabido desconstruir e radiografar nos seus escritos, Rubem Alves é um inimigo público da estupidez educacional que, nas últimas décadas, pandemicamente, se foi disseminando pelas escolas (das superiores para as inferiores). O leitor desprevenido considerará, porventura, excessiva (ou simplesmente provocatória) esta formulação. Convido-o a ler os textos de Rubem. Ele vai desnudar perante os seus olhos a imensa burrice das escolas contemporâneas. Dirá no fim se ele tem ou não tem razão...

(...) A burrice é muito útil, do ponto de vista político e social. Aldous Huxley afirma que a estabilidade social do Admirável Mundo Novo se devia aos mecanismos psicopedagógicos cujo objetivo era emburrecer as pessoas. A educação se presta aos mais variados fins. Pessoas inteligentes, que vivem pensando e tendo idéias diferentes, são perigosas. Ao contrário, a ordem político-social é mais bem servida por pessoas que pensam sempre os mesmos pensamentos, isto é, pessoas emburrecidas. Porque ser burro é precisamente isso, pensar os mesmos pensamentos, ainda que sejam pensamentos grandiosos. Prova disso são as sociedades das abelhas e das formigas, notáveis por sua estabilidade e capacidade de sobrevivência. ("Casas que emburrecem", *Correio Popular* 9/4/2000)

Mas não sejamos injustos com as escolas (sobretudo, com as inferiores) e muito menos com os operários do currículo *big brother* que são hoje os (indevidamente chamados) profissionais de educação. A sua burrice não é um sintoma de falta de inteligência, mas uma simples consequência da perda de autoridade e de autonomia. Os profissionais de educação dos patamares inferiores do sistema de ensino foram, nas últimas décadas, proibidos de pensar e de atuar profissionalmente como seres inteligentes e responsáveis: nas universidades e nos ministérios, havia quem pensasse e programasse por eles e se responsabilizasse pelos resultados do seu trabalho. Os cientistas da educação, estrategicamente aliados aos políticos e burocratas da educação (a ilusão do saber tende sempre a mancomunar-se com a ilusão do poder), transformaram o ensino numa gigantesca e labiríntica cadeia de atos reflexos, na qual o pedagogo (o educador) já não tem mais lugar. Os professores das escolas inferiores são hoje, em geral, profissionais despojados de autoestima, segurança e convicções e fortemente aculturados. Eles sabem, de resto, como estão profundamente desacreditados perante as famílias, perante os fazedores da chamada opinião pública e, ironia das ironias, perante os próprios cientistas da educação, que lhes embalaram o berço...

Por uma educação romântica não é apenas, porém, um longo e doloroso libelo contra a burrice das escolas contemporâneas. A esperança e as utopias que a iluminam não desertaram dos olhares que o autor lança impressivamente sobre os absurdos e os mistérios da educação. Sabendo que até as limitações genéticas da inteligência podem ser compensadas pelos desafios do meio ambiente; que a inteligência se alimenta de desafios; que, diante de desafios, ela cresce e floresce e que, sem desafios, ela murcha e encolhe – Rubem Alves, provocatoriamente, desafia as escolas e os professores, confrontando-os com a burrice (o sem-sentido) de muitas das suas práticas e com o grotesco das suas, em geral, pobres ambições educacionais. Rubem não capitulou e, por isso, apela às escolas e aos professores para que o acompanhem nessa recusa da capitulação...

Ele continua a acreditar e a defender que o destino do homem é um destino de felicidade e que muitos dos sofrimentos infligidos pelas escolas aos alunos são sofrimentos sem sentido. Ele continua a acreditar e a defender que os verdadeiros professores são imortais, porque, engravidando o desejo do conhecimento, ensinam a pensar e a criar. Ele continua a acreditar e a defender que os adultos têm muito mais a aprender com as crianças do que as crianças com os adultos, porque (glosando Alberto Caeiro) as crianças estão sempre a nascer para a eterna novidade do mundo. Ele continua a acreditar e a defender que a educação (o essencial na vida de um país) não tem princípio, meio e fim, porque a vida é infinita, e acontece sempre que vemos o mundo como um brinquedo e brincamos com ele como uma criança brinca com uma bola. Ele continua a acreditar e a defender que a renovação do ensino terá de passar pelo desenvolvimento afetivo e emocional dos professores e que as escolas terão realizado a sua missão quando forem capazes de alimentar permanentemente nos alunos o prazer da leitura, pressuposto de tudo o mais, já que quem gosta de ler tem nas mãos as chaves do mundo. Ele continua a acreditar e a defender que a magia do ato de educar (que é sempre um ato de ternura e daí o imperativo de uma educação romântica) não pode ser dita na fria e precisa linguagem das ciências da educação. Ou seja, ele continua a acreditar e a defender que a burrice atual das escolas e dos professores não é um erro da natureza, uma deformidade genética, mas o resultado de uma profunda disfunção do pensamento educacional que, por isso mesmo, está ao nosso alcance corrigir.

Se há livros que, pelo domicílio habitual que os leitores lhes reservam, são verdadeiros livros de cabeceira, porque conversam permanentemente conosco e nos ajudam a sonhar, ou seja, a descobrir novos sentidos para a vida,

Por uma educação romântica é, seguramente, um deles. Que maior mérito poderia caber-lhe? ...

Uma palavra final para agradecer a todos aqueles que, de uma forma ou de outra, contribuíram para tornar possível esta obra.

Em primeiro lugar, a Rubem Alves, que desde a primeira hora acarinhou esta edição e sempre generosamente apoiou os esforços e as opções de quem a organizou.

Em segundo lugar, à Câmara Municipal de Vila Nova de Famalicão, que não regateou o patrocínio financeiro que lhe foi solicitado e sem o qual, provavelmente, esta obra jamais teria sido editada.

Em terceiro lugar, aos alunos da turma G do 11º ano do Curso Tecnológico de Design da Escola Secundária Camilo Castelo Branco, que, de uma forma entusiástica e bastante criativa, ilustraram os textos de Rubem Alves, valorizando plasticamente a edição.

Finalmente, à professora e artista Gabriela Couto, da mesma escola, que não apenas orientou os alunos que produziram as ilustrações dos textos, como concebeu e supervisionou (com a habitual maestria) o arranjo gráfico da obra.

A todos, um muito sentido e agradecido BEM HAJAM!

Ademar Ferreira dos Santos
Diretor do Centro de Formação Camilo Castelo Branco

GAIOLAS OU ASAS?

Os pensamentos me chegam inesperadamente, na forma de aforismos. Fico feliz porque sei que Lichtenberg, William Blake e Nietzsche frequentemente eram também atacados por eles. Digo "atacados" porque eles surgem repentinamente, sem preparo, com a força de um raio. Aforismos são visões: fazem ver, sem explicar. Pois ontem, de repente, esse aforismo me atacou: "Há escolas que são gaiolas. Há escolas que são asas".

Escolas que são gaiolas existem para que os pássaros desaprendam a arte do voo. Pássaros engaiolados são pássaros sob controle. Engaiolados, seu dono pode levá-los para onde quiser. Pássaros engaiolados sempre têm um dono. Deixaram de ser pássaros. Porque a essência dos pássaros é o voo.

Escolas que são asas não amam pássaros engaiolados. O que elas amam são os pássaros em voo. Existem para dar aos pássaros coragem para voar. Ensinar o voo, isso elas não podem fazer, porque o voo já nasce dentro dos pássaros. O voo não pode ser ensinado. Só pode ser encorajado.

Esse simples aforismo nasceu de um sofrimento: sofri conversando com professoras de ensino médio, em escolas de periferia. O que elas contam são relatos de horror e medo. Balbúrdia, gritaria, desrespeito, ofensas, ameaças... E elas, timidamente, pedindo silêncio, tentando fazer as coisas que a burocracia determina que sejam feitas: dar o programa, fazer avaliações... Ouvindo seus relatos, vi uma jaula cheia de tigres famintos, dentes arreganhados, garras à mostra – e as domadoras com seus chicotes, fazendo ameaças fracas demais para a força dos tigres... Sentir alegria ao sair de casa para ir para a escola? Ter prazer em ensinar? Amar os alunos? O seu sonho é livrar-se de tudo aquilo. Mas não podem. A porta de ferro que fecha os tigres é a mesma porta que as fecha junto com os tigres.

Nos tempos da minha infância, eu tinha um prazer cruel: pegar passarinhos. Fazia minhas próprias arapucas, punha fubá dentro e ficava escondido, esperando... O pobre passarinho vinha, atraído pelo fubá. Ia comendo, entrava na arapuca, pisava no poleiro – e era uma vez um passarinho voante. Cuidadosamente, eu enfiava a mão na arapuca, pegava o passarinho e o colocava dentro de uma gaiola. O pássaro se lançava furiosamente contra os arames, batia as asas, crispava as garras, enfiava o bico entre os vãos, na inútil tentativa de ganhar de novo o espaço, ficava ensanguentado... Sempre me lembro com tristeza da minha crueldade infantil.

Violento, o pássaro que luta contra os arames da gaiola? Ou violenta será a imóvel gaiola que o prende? Violentos, os adolescentes de periferia? Ou serão as escolas que são violentas? As escolas serão gaiolas?

Alguns me falarão sobre a necessidade das escolas dizendo que os adolescentes de periferia precisam ser educados para melhorar de vida. De acordo. É preciso que os adolescentes, é preciso que todos tenham uma boa educação. Uma boa educação abre os caminhos de uma vida melhor.

Mas eu pergunto: Nossas escolas estão dando uma boa educação? O que é uma boa educação?

O que os burocratas pressupõem sem pensar é que os alunos ganham uma boa educação se aprendem os conteúdos dos programas oficiais. E para testar a qualidade da educação se criam mecanismos, provas, avaliações, acrescidos dos novos exames elaborados pelo Ministério da Educação.

Mas será mesmo? Será que a aprendizagem dos programas oficiais se identifica com o ideal de uma boa educação? Você sabe o que é "dígrafo"? E os usos da partícula "se"? E o nome das enzimas que entram na digestão? E o sujeito da frase "Ouviram do Ipiranga as margens plácidas de um povo heroico o brado retumbante"? Qual a utilidade da palavra "mesóclise"? Pobres professoras, também engaioladas... São obrigadas a ensinar o que os programas mandam, sabendo que é inútil. Isso é hábito velho das escolas. Bruno Bettelheim relata sua experiência com as escolas: "Fui forçado (!) a estudar o que os professores haviam decidido que eu deveria aprender – e aprender à sua maneira...".

O sujeito da educação é o corpo porque é nele que está a vida. É o corpo que quer aprender para poder viver. É ele que dá as ordens. A inteligência é um instrumento do corpo cuja função é ajudá-lo a viver. Nietzsche dizia que ela, a inteligência, era "ferramenta" e "brinquedo" do corpo. Nisso se resume o programa educacional do corpo: aprender "ferramentas", aprender "brinquedos". "Ferramentas" são conhecimentos que nos permitem resolver os problemas vitais do dia a dia. "Brinquedos" são todas aquelas coisas que, não tendo nenhuma utilidade como ferramentas, dão prazer e alegria à alma. No momento em que escrevo estou ouvindo o coral da *Nona Sinfonia*. Não é ferramenta. Não serve para nada. Mas enche a minha alma de felicidade. Nessas duas palavras, ferramentas e brinquedos, está o resumo da educação.

Ferramentas e brinquedos não são gaiolas. São asas. Ferramentas me permitem voar pelos caminhos do mundo. Brinquedos me permitem voar pelos caminhos da alma. Quem está aprendendo ferramentas e brinquedos está aprendendo liberdade, não fica violento. Fica alegre, vendo as asas crescerem... Assim, todo professor, ao ensinar, teria que perguntar: "Isso que vou ensinar é ferramenta? É brinquedo?". Se não for, é melhor deixar de lado.

As estatísticas oficiais anunciam o aumento das escolas e o aumento dos alunos matriculados. Esses dados não me dizem nada. Não me dizem se são gaiolas ou asas. Mas eu sei que há professores que amam o voo dos seus alunos. Há esperança...

O OLHAR DO PROFESSOR

Walt Whitman conta o que ele sentiu quando, menino, foi para a escola:

> Ao começar meus estudos, me agradou tanto o passo inicial, a simples conscientização dos fatos, as formas, o poder do movimento, o mais pequeno inseto ou animal, os sentidos, o dom de ver, o amor – o passo inicial, torno a dizer, me assustou tanto, me agradou tanto, que não foi fácil, para mim, passar e não foi fácil seguir adiante, pois eu teria querido ficar ali flanando o tempo todo, cantando aquilo em cânticos extasiados.

O mundo, para o nenezinho que chupa o seio, é um mundo escuro, sem cores e formas. Os olhos não existem.

33

Os nenezinhos mamam de olhos fechados e, se por acaso seus olhos se abrem, a gente percebe que eles estão vazios. Não há nada refletido dentro deles. É só mais tarde que seus olhos se abrem e descobrem o mundo. Aí, tudo é assombro, espanto, encantamento, fantástico, maravilhoso. Alberto Caeiro queria que voltássemos a ver o mundo como as crianças que o estão vendo pela primeira vez.

> Sei ter o pasmo essencial que tem uma criança se, ao nascer, reparasse que nascera deveras... Sinto-me nascido a cada momento para a eterna novidade do mundo... Creio no mundo como um malmequer, porque o vejo. Mas não penso nele, porque pensar é não compreender. O mundo não se faz para pensarmos nele (pensar é estar doente dos olhos) mas para olharmos e estarmos de acordo...

Eu, menino, tinha grande prazer em ver figuras. Naquele tempo, livros de figura não se encontravam prontos, para serem comprados nas livrarias. Na casa do meu avô havia um, guardado em um armário enorme. As páginas eram de pano velho – e nelas foram coladas figuras que haviam sido recortadas de revistas. Lembro-me de que eu não me cansava de ver o livro. Eu mesmo fiz um álbum de figuras. Era um caderno grande no qual fui colando figuras de cachorros. Por que escolhi cachorros? Minha mãe não gostava de cachorros. Nunca pude ter um. Tinha inveja dos meninos que tinham. Fazendo o álbum de cachorros, realizei, de alguma forma, o meu desejo. Ainda me lembro da minha emoção ao olhar para alguns deles, especialmente aqueles de olhos tristes e pensativos. Na minha memória, o cão de olhos tristes ainda está lá, focinho apoiado, longas orelhas derramadas no chão, seus olhos me olhando sobre uma testa enrugada interrogante. Na figura, a imagem fica eterna. No filme, a figura é efêmera. Não é para ser contemplada. O que importa é a ação. Está sempre à espera. No filme, as imagens não esperam nunca. No filme, o que importa não é a figura, é a ação. Tenho passado longas horas vendo livros de figuras com crianças – seus olhinhos atentos, encantados pelas imagens.

Nietzsche disse que a primeira tarefa da educação é ensinar a ver. É a primeira tarefa porque é através dos olhos que as crianças pela primeira vez tomam contato com a beleza e o fascínio do mundo. Os olhos têm que ser educados para que a nossa alegria aumente. Os olhos das crianças não veem a fim de... Seu olhar não tem nenhum objetivo prático. Elas veem porque é divertido ver.

Já li muitos livros sobre psicologia da educação, sociologia da educação, filosofia da educação, didática – mas, por mais que me esforce, não consigo me lembrar de qualquer referência à educação do olhar, ou à importância do olhar na educação, em qualquer um deles. Acho que a experiência de Walt Whitman teria sido diferente se sua professora tivesse feito pós-graduação em educação.

O que é um olhar? O olhar não se encontra nos olhos. Observação de Sartre: "O olhar do Outro esconde seus olhos". Observação de Cecília Meireles: "O sentido está guardado no rosto com que te miro". Eu não te miro com os meus olhos. Eu te miro com o meu rosto. Os olhos são peças anatômicas assustadoras em si mesmas. Olhos não têm sentido. Eles nada dizem. Mas o rosto com que te miro guarda um segredo. Não miro com os olhos. Miro com o rosto. É o rosto que desvenda o mistério do olhar. O rosto da mãe revela à criança o segredo do seu olhar. Isso é verdade até para os animais: o olhar de um cão...

Roland Barthes é uma exceção. Ele não tinha medo de pensar seus próprios pensamentos, mesmo que não pudessem ser cientificamente comprovados. Às vezes, a exigência de provas é uma manifestação de burrice. Acho que se ele tivesse que resumir o que pensava sobre educação numa única frase, ele diria: "No princípio é o olhar...". A educação acontece na sutil trama entre os olhares da mãe e do filho. Pois é aí que se revela o desejo.

Vejam esta deliciosa descrição da mãe ensinando o filhinho a andar:

> Quando a criança aprende a andar, a mãe não discorre, nem demonstra: ela não ensina a andar, ela não representa (não anda diante da criança): ela sustenta, encoraja, chama (recua e chama): ela incita e cerca: a criança pede a mãe e a mãe deseja o andar da criança.

Van Gogh tem uma delicada tela que representa esta cena: o pai, jardineiro, interrompeu seu trabalho; está ajoelhado no chão, com os braços estendidos para a criança que chega, conduzida pela mãe. O rosto do pai não pode ser visto. Mas é certo que ele está sorrindo. O rosto-olhar do pai está dizendo para o filhinho: "Eu quero que você ande". É o desejo de que a criança ande, desejo que assume forma sensível no rosto da mãe ou do pai, que incita a criança no aprendizado dessa coisa que não pode ser ensinada nem por exemplos, nem por palavras.

Os educadores acadêmicos dirão que isso é piegas, romântico – não é científico. É verdade. O que eu disse não pode ser dito cientificamente. Só poeticamente.

Acontece que, como disse Bernardo Soares, o fato é que somos incuravelmente românticos! Assim, sendo a educação uma coisa romântica (não consigo pensar uma criança sem ternura), eu lhe digo: "Professor: trate de prestar atenção no seu olhar. Ele é mais importante que seus planos de aula. O olhar tem o poder para despertar e para intimidar a inteligência. O olhar é um poder bruxo!".

Sartre concorda comigo: "De repente ouço passos no corredor. Alguém está olhando para mim. Significa que eu, repentinamente, sou afetado no meu ser, que modificações essenciais aparecem na minha estrutura...". Ele não vê o rosto. Os passos o informam de que há olhos que o observam. Ele perde sua naturalidade. Os olhos que ele não vê mas que – ele sabe sem ver – estão olhando para ele provocam alterações no seu corpo.

O seu olhar, professor, produz alterações no corpo da criança. A Adélia Prado, brincando, disse a mesma coisa: "O meu lábio zombeteiro faz a lança dele refluir". Lança? Símbolo fálico. A lança não deixa de existir. Mas o lábio zombeteiro que revela o mistério do rosto-olhar a altera. A lança, humilhada, esconde-se, foge, torna-se incapaz do ato do amor. Lança? Já sugeri a relação metafórica entre a lança fálica e a inteligência. Como a lança fálica, a inteligência ou se alonga e se levanta confiante para o ato de conhecer (lembre-se de que, na *Bíblia*, quando se quer dizer "fazer amor" se diz "conhecer"...), ou se encolhe, flácida e impotente. O olhar do professor tem poderes semelhantes. É um poder bruxo. O olhar de um professor tem o poder de fazer a inteligência de uma criança florescer ou murchar. Ela continua lá, mas se recusa a sair para a aventura de aprender.

A criança de olhar amedrontado e vazio, de olhar distraído e perdido. Ela não aprende. Os psicólogos se apressam em diagnosticar alguma perturbação cognitiva. Chamam os pais. Aconselham-nos a enviá-la para terapia. Pode até ser. Mas uma outra hipótese tem que ser levantada: que a inteligência dessa criança que parece incapaz de apreender tenha sido enfeitiçada pelo olhar do professor.

Por isso lhe digo, professor: cuide de seus olhos...

O PRAZER DA LEITURA

Alfabetizar é ensinar a ler. A palavra alfabetizar vem de "alfabeto". "Alfabeto" é o conjunto das letras de uma língua, colocadas numa certa ordem. É a mesma coisa que "abecedário". A palavra "alfabeto" é formada com as duas primeiras letras do alfabeto grego: "alfa" e "beta". E "abecedário", com a junção das quatro primeiras letras do nosso alfabeto: "a", "b", "c" e "d". Assim sendo, pensei na possibilidade engraçada de que "abecedarizar", palavra inexistente, pudesse ser sinônima de "alfabetizar"...

"Alfabetizar", palavra aparentemente inocente, contém uma teoria de como se aprende a ler. Aprende-se a ler aprendendo-se as letras do alfabeto. Primeiro as letras.

Depois, juntando-se as letras, as sílabas. Depois, juntando-se as sílabas, aparecem as palavras...

E assim era. Lembro-me da criançada repetindo em coro, sob a regência da professora: "be a ba; be e be; be i bi; be o bo; be u bu"... Estou olhando para um cartão-postal, miniatura de um dos cartazes que antigamente se usavam como tema de redação: uma menina cacheada, deitada de bruços sobre um divã, queixo apoiado na mão, tendo à sua frente um livro aberto onde se vê "fa", "fe", "fi", "fo", "fu"... (Centro de Referência do Professor, Centro de Memória, Praça da Liberdade, Belo Horizonte, MG).

Se é assim que se ensina a ler, ensinando as letras, imagino que o ensino da música deveria se chamar "dorremizar": aprender o dó, o ré, o mi... Juntam-se as notas e a música aparece! Posso imaginar, então, uma aula de iniciação musical em que os alunos ficassem repetindo as notas, sob a regência da professora, na esperança de que, da repetição das notas, a música aparecesse...

Todo mundo sabe que não é assim que se ensina música. A mãe pega o nenezinho e o embala, cantando uma canção de ninar. E o nenezinho entende a canção. O que o nenezinho ouve é a música, e não cada nota, separadamente! E a evidência da sua compreensão está no fato de que ele se tranquiliza e dorme – mesmo nada sabendo sobre notas! Eu aprendi a gostar de música clássica muito antes de saber as notas: minha mãe as tocava ao piano e elas ficaram gravadas na minha cabeça. Somente depois, já fascinado pela música, fui aprender as notas – porque queria tocar piano. A aprendizagem da música começa como percepção de uma totalidade – e nunca com o conhecimento das partes.

Isso é verdadeiro também sobre aprender a ler. Tudo começa quando a criança fica fascinada com as coisas maravilhosas que moram dentro do livro. Não são as letras, as sílabas e as palavras que fascinam. É a estória. A aprendizagem da leitura começa antes da aprendizagem das letras: quando alguém lê e a criança escuta com prazer. "Erotizada" – sim, erotizada! – pelas delícias da leitura ouvida, a criança se volta para aqueles sinais misteriosos chamados letras. Deseja decifrá-los, compreendê-los – porque eles são a chave que abre o mundo das delícias que moram no livro! Deseja autonomia: ser capaz de chegar ao prazer do texto sem precisar da mediação da pessoa que o está lendo.

No primeiro momento as delícias do texto se encontram na fala do professor. Usando uma sugestão de Melanie Klein, o professor, no ato de ler para os seus alunos, é o "seio bom", o mediador que liga o aluno ao prazer do texto. Confesso nunca ter tido prazer algum em aulas de gramática ou de análise sintática. Não foi nelas que aprendi as delícias da literatura. Mas me lembro com alegria das aulas de leitura. Na verdade, não eram aulas. Eram concertos. A professora lia, interpretava o texto, e nós ouvíamos, extasiados. Ninguém falava. Antes de ler Monteiro Lobato, eu o ouvi. E o bom era que não havia provas sobre aquelas aulas. Era prazer puro. Existe uma incompatibilidade total entre a experiência prazerosa de leitura – experiência vagabunda! – e a experiência de ler a fim de responder a questionários de interpretação e compreensão. Era sempre uma tristeza quando a professora fechava o livro...

Vejo, assim, a cena original: a mãe ou o pai, livro aberto, lendo para o filho... Essa experiência é o aperitivo que ficará para sempre guardado na memória afetiva da criança. Na ausência da mãe ou do pai, a criança olhará para o livro com desejo e inveja. Desejo, porque ela quer experimentar as delícias que estão contidas nas palavras. E inveja, porque ela gostaria de ter o saber do pai e da mãe: eles são aqueles que têm a chave que abre as portas daquele mundo maravilhoso! Roland Barthes faz uso de uma linda metáfora poética para descrever o que ele desejava fazer, como professor: maternagem – continuar a fazer aquilo que a mãe faz. É isso mesmo: na escola, o professor deverá continuar o processo de leitura afetuosa. Ele lê: a criança ouve, extasiada! Seduzida, ela pedirá: "Por favor, me ensine! Eu quero poder entrar no livro por conta própria...".

Toda aprendizagem começa com um pedido. Se não houver o pedido, a aprendizagem não acontecerá. Há aquele velho ditado: "É fácil levar a égua até o meio do ribeirão. O difícil é convencer a égua a beber". Traduzido pela Adélia Prado: "Não quero faca nem queijo. Quero é fome". Metáfora para o professor: cozinheiro, Babette, que serve o aperitivo para que a criança tenha fome e deseje comer o texto...

42

Onde se encontra o prazer do texto? Onde se encontra o seu poder de seduzir? Tive a resposta para essa questão acidentalmente, sem que a tivesse procurado. Ele me disse que havia lido um lindo poema de Fernando Pessoa, e citou a primeira frase. Fiquei feliz porque eu também amava aquele poema. Aí ele começou a lê-lo. Estremeci. O poema – aquele poema que eu amava – estava horrível na sua leitura. As palavras que ele lia eram as palavras certas. Mas alguma coisa estava errada! A música estava errada! Todo texto tem dois elementos: as palavras, com o seu significado, e a música... Percebi, então, que todo texto literário se assemelha à música. Uma sonata de Mozart, por exemplo. A sua "letra" está gravada no papel: as notas. Mas assim, escrita no papel, a sonata não existe como experiência estética. Está morta. É preciso que um intérprete dê vida às notas mortas. Martha Argerich, pianista suprema (sua interpretação do *Concerto nº 3* de Rachmaninoff me convenceu da superioridade das mulheres...), as toca: seus dedos deslizam leves, rápidos, vigorosos, vagarosos, suaves, nenhum deslize, nenhum tropeção: estamos possuídos pela beleza. A mesma partitura, as mesmas notas, nas mãos de um pianeiro: o toque é duro, sem leveza, tropeções, hesitações, esbarros, erros: é o horror, o desejo que o fim chegue logo.

Todo texto literário é uma partitura musical. As palavras são as notas. Se aquele que lê é um artista, se ele domina a técnica, se ele surfa sobre as palavras, se ele está possuído pelo texto – a beleza acontece. E o texto se apossa do corpo de quem ouve. Mas se aquele que lê não domina a técnica, se ele luta com as palavras, se ele não desliza sobre elas – a leitura não produz prazer: queremos que ela termine logo. Assim, quem ensina a ler, isto é, aquele que lê para que seus alunos tenham prazer no texto, tem que ser um artista. Só deveria ler aquele que está possuído pelo texto que lê. Por isso eu acho que deveria ser estabelecida em nossas escolas a prática de "concertos de leitura". Se há concertos de música erudita, *jazz* e MPB – por que não concertos de leitura? Ouvindo, os alunos experimentarão os prazeres do ler. E acontecerá com a leitura o mesmo que acontece com a música: depois de ser picado pela sua beleza, é impossível esquecer. Leitura é droga perigosa: vicia... Se os jovens não gostam de ler, a culpa não é deles. Foram forçados a aprender tantas coisas sobre os textos – gramática, usos da partícula "se", dígrafos, encontros consonantais, análise sintática – que não houve tempo para serem iniciados na única coisa que importa: a beleza musical do texto literário: foi-lhes ensinada a anatomia morta do texto e não sua erótica viva. Ler é fazer amor com as palavras. E essa transa literária se inicia antes que as crianças saibam os nomes das letras. Sem saber ler, elas já são sensíveis à beleza.

E a missão do professor? Mestre do *Kama Sutra* da leitura...

DÍGRAFO

Uma das minhas alegrias são as cartas que recebo das crianças. Escrevem-me a propósito dos livros infantis que escrevi. Alegro-me sabendo que meus livros infantis, além de darem prazer, fazem as crianças pensar. As crianças me entendem. Meu filósofo mais querido, Nietzsche, escrevia para adultos eruditos e eles não o entendiam. Desanimado com a estupidez dos adultos, ele escreveu: "Gosto de me assentar aqui onde as crianças brincam, ao lado da parede em ruínas, entre os espinhos e as papoulas vermelhas. Para as crianças, eu sou ainda um sábio, e também para os espinhos e as papoulas vermelhas". Os adultos não o entendiam porque ele escrevia como criança.

Pois eu recebi carta de um menininho. Não vou revelar o nome dele para não comprometê-lo diante da professora. Li a cartinha dele tantas vezes que já a sei de cor. Transcrevo:

> Prezado Rubem: (...) Li o seu livro *O patinho que não aprendeu a voar*. Eu gostei, porque aprendi que liberdade é fazer o que quer muito mesmo. Escreva para mim. E eu tenho uma professora demais. Com todos os livros que a gente lê ela manda fazer ditados, encontrar palavras com dígrafo, encontro consonantal e encontro vocálico.

Minha alegria inicial foi interrompida por um estremecimento de horror: eu não sei o que é dígrafo! Meu Deus! Ele, um menininho de nove anos de idade, já sabe o que é dígrafo. E eu não. Dígrafo tem que ser coisa muito importante, essencial, para ter sido incluído no currículo de um menininho de nove anos de idade. Com certeza é necessário conhecer o dígrafo para ser iniciado nos prazeres da leitura, que é a única coisa que importa. E eu não sabia disso. Não sei o que é dígrafo. Duvido da minha competência literária. É certo que Guimarães Rosa, Adélia Prado e Manoel de Barros, ao escreverem, tinham que ter sempre presente na consciência a importância dos dígrafos. E o pior. Recusei-me a saber o que é dígrafo quando uma professora tentou salvar-me da minha ignorância.

Meu pensamento é poético. Recusa-se a andar em linha reta. Dança. Deleita-se em analogias. Apareceu-me logo uma analogia de natureza sexual, provocada por Roland Barthes, que liga a escritura ao erotismo: o texto como objeto de prazer cujo manual de delícias, seu *Kama Sutra*, há de ser aprendido. O par de amantes está abraçado, corpos e almas incendiados pelo desejo. A mão do amante desliza vagarosa pela pele lisa do corpo da amada. Mas ele, professor de anatomia, em virtude dos seus saberes científicos e dos seus hábitos de professor, em vez de ir recitando docemente textos apaixonados dos *Cânticos dos cânticos* ou dos poemas eróticos do Drummond, não pode resistir à compulsão de ir enunciando os nomes científicos dos músculos do corpo da amada por onde sua mão desliza... Assim termina uma noite que poderia ter sido uma noite de amor. A ciência triunfa – ele não errou nem um nome – mas o amor fracassa.

Pois é precisamente isso que acontece naquela aula em que as crianças vão aprendendo não os prazeres do texto, mas os nomes anatômicos da gramática do texto. Afinal, há uma razão para isso: o prazer que se tem na leitura de um texto não pode ser avaliado. É coisa subjetiva. Não é científico. Mas dígrafos, encontros consonantais e vocálicos sim. A professora, coitada, não é culpada. Ela sabe que sua função é cumprir ordens que vêm de cima, dos especialistas. Há um programa a ser cumprido. Ela obedece. Já nem mais se atreve a pensar.

Wittgenstein afirma que o sentido de uma palavra é o uso que dela se faz. Perguntei-me: quais os usos possíveis da palavra "dígrafo"? Para que serve ela? Não serve para erotizar o texto. A palavra "dígrafo" não torna o texto mais saboroso, não aumenta a gula literária do aluno. Não tem também uma função cognitiva: o texto não fica mais claro, mais compreendido, quando seus dígrafos são grifados. Tentei imaginar uma conversa inteligente em que a palavra "dígrafo" entrasse. Não consegui formular uma única frase humana. Pergunto-me, então, das razões por que ela foi incluída no menu do menininho.

Quando eu estudei acho que a palavra "dígrafo" ainda não havia sido inventada por algum gramático, como resultado de uma pesquisa linguística e uma tese. Mas os infinitamente variados nomes da análise sintática já existiam, embora não fossem os mesmos que existem hoje. A inventividade dos gramáticos não tem fim! Estudei muito e sofri muito a análise sintática. Sofri tanto que, naquele tempo, escrevi num relatório para o colégio onde estudei, o Andrews, no Rio de Janeiro, que eu queria era ser engenheiro, eu era bom em matemática, mas não gostava das coisas da língua. A análise sintática me ensinou a ter raiva da literatura. Somente muito mais tarde, depois de haver esquecido tudo o que aprendera na análise sintática, aprendi as delícias da língua. Aí, parei de falar os nomes anatômicos dos músculos da amada. Lia e entregava-me ao puro gozo de ler.

Acho que as escolas terão realizado a sua missão se forem capazes de desenvolver nos alunos o prazer da leitura. O prazer da leitura é o pressuposto de tudo o mais. Quem ama ler tem nas mãos as chaves do mundo. Mas o que vejo acontecendo é o contrário. São raríssimos os casos de amor à leitura desenvolvido nas aulas de estudo formal da língua. Paul Goodman, controvertido pensador norte-americano, diz: "Nunca ouvi de qualquer método para ensinar literatura (*humanities*) que não terminasse por matá-la. Parece que a sobrevivência do gosto pela literatura tem dependido de milagres aleatórios que estão ficando cada vez menos frequentes".

Vendem-se nas livrarias livros com resumos das obras literárias que caem nos vestibulares. Quem aprende resumos de obras literárias para passar no vestibular aprende mais que isso: aprende a odiar a literatura. Literatura, como o corpo da pessoa amada, não é objeto de conhecimentos científicos; é objeto de prazer.

Sonho com o dia em que as crianças que leem meus livrinhos não terão de grifar dígrafos e encontros consonantais e em que o conhecimento das obras literárias não será objeto de exames vestibulares: os livros serão lidos pelo simples prazer da leitura.

SOBRE DICIONÁRIOS E NECROTÉRIOS

Esta crônica é dedicada aos jovens que têm que aprender as leis da gramática. E eu o faço na esperança da ressurreição das mortas. Sim, das mortas, no feminino, como ficará claro.

Se o conhecimento científico de anatomia fosse condição para fazer amor, os professores de anatomia seriam amantes insuperáveis. Se o conhecimento acadêmico da gramática fosse condição para fazer literatura, os gramáticos seriam escritores insuperáveis. Mas essa não é a verdade. Não me consta que o *Kama Sutra* tenha sido escrito por um professor de anatomia e não conheço gramático que tenha feito literatura. Na verdade, os gramáticos e os escritores são inimigos irreconciliáveis. Gramática se faz com palavras mortas. Literatura se faz com palavras vivas.

Eu sei escrever. Mas confesso: sei pouquíssimo de gramática. Minha ignorância da gramática é de tal ordem que frequentemente (palavra antigamente escrita com trema sobre o "u"; até hoje não sei a razão disso: nenhuma pessoa que fale português iria ler "frekentemente") erro na simples grafia das palavras e ignoro as regras de acentuação. Os cultores da gramática se horrorizam e, perturbados pela minha ignorância e movidos pelo mais puro sentimento de amor, tratam de me corrigir, certamente para evitar que eu passe vergonha por ser assim, tão despudoradamente ignorante dos saberes gramaticais. Houve mesmo um senhor que, com paciência teologal, me enviava longas missivas em que listava todos os meus erros, oferecendo-me detalhada explicação das regras que eu estava desobedecendo. Sua persistência me assombrava. Mas o que mais me assombrava era o fato de que nunca, jamais, ele disse qualquer coisa sobre o conteúdo mesmo das minhas crônicas. Seu amor pela gramática tornava-o insensível à literatura. Pensei mesmo em escrever uma crônica sobre o assunto, que seria construída em torno de uma estorieta que seria mais ou menos assim: eu fazia uma comidinha e convidava alguns amigos. Todos eles comiam e diziam que a comida era boa. Isso me dava grande alegria. Com uma exceção: um dos comedores, intruso que não fora convidado, limpava o prato sem dizer palavra sobre o gosto da minha comida, mas reclamava que ela havia sido servida num prato lascado. A obsessão com as regras da gramática pode nos tornar insensíveis ao gosto das palavras.

O que sei sobre a língua, não aprendi nos compêndios de gramática. A língua é, para mim, essencialmente, uma experiência sonora. Música. Desrespeito, sabendo que estou desrespeitando o que dizem os cientistas da língua. Invoco o Manoel de Barros: "Uma espécie de canto me ocasiona. Respeito as oralidades. Eu escrevo o rumor das palavras. Não sou sandeu de gramáticas" (Sandeu = idiota, pateta). Escrevo "Me parece" quando a regra é que não se deve começar uma frase com pronome oblíquo. Jamais respeito "tmeses" – vulgarmente chamadas "mesóclises": contar-vo-lo-ei. Tmeses (dei pra falar difícil) me parece um homem barrigudo, vestido de fraque alugado, com gravata borboleta, em casamento chique: chique e ridículo. De agora em diante, quando me perguntarem por que escrevi ao arrepio das leis ditadas pelos gramáticos, responderei: "Fi-lo porque qui-lo".

"História não quer se tornar história": essa frase não é falsa nem verdadeira. Ela simplesmente não tem sentido. Essa frase não me faz pensar nada. Mas seria assim que a frase filosófica com que Guimarães Rosa inicia o *Tutameia* apareceria, depois de corrigida pelo revisor, obediente à autoridade do *Aurélio*. O que o Guimarães Rosa escreveu é "Estória não quer se tornar história". Já briguei muito com revisores por causa dessa palavra "estória". O meu *Aurélio*, velho, dizia que ela existia. Mas o *Aurélio* novo diz que ela não existe. No verbete "estória" está escrito: "Ver 'história'. Recomenda-se apenas a grafia história, tanto no sentido de ciência histórica quanto no de narrativa de ficção, conto popular e demais acepções". "Estória" não existe; só existe "história". É o mesmo que dizer que "banana" não existe e que toda vez que se quiser dizer "banana" há de se dizer "laranja". Parece que os gramáticos, vivendo no mundo das palavras, se esquecem da existência das coisas. Da mesma forma como banana e laranja são coisas diferentes com nomes diferentes, estória e história são coisas diferentes que exigem nomes diferentes. "Recomenda-se": "quem" recomenda? O sujeito está indeterminado. Foram alguns gramáticos que, reunidos, tomaram a decisão de assassinar "estória" e depois se esconderam atrás do sujeito indeterminado. Mas Guimarães Rosa não perdoa os assassinos e de dentro da *Tutameia* continua a denunciá-los: "Estória não quer se tornar história". Gramáticos não levam a sério o que dizem os escritores. Com sua decisão, querem cortar as asas do Guimarães e as minhas. "Estória" e "história" são mais diferentes que bananas e laranjas. "História" é entidade do mundo de fora, o que aconteceu no tempo e não acontece nunca mais. "Estória" é entidade do mundo de dentro, não aconteceu no tempo porque acontece sempre. "História não quer se tornar história": esse nonsense é uma contribuição dos gramáticos à literatura.

Revendo as correções que uma revisora fizera num texto meu, segundo o *Aurélio*, encontrei esta frase divertida: "... e os anus fazendo os barulhos que lhes são característicos...". Que é que você conclui? Que estou escrevendo sobre gases fétidos barulhentos expelidos pelo orifício terminal do intestino. Não é nada disso. Falo sobre os barulhos que fazem as aves "anús", palavra que, segundo o *Aurélio*, não tem acento. A palavra que tem acento, talvez por estar localizada no assento, é "ânus"... Por via das dúvidas ponho acento agudo no "u" dos anús. Não quero que pios de anús sejam confundidos com puns.

E agora, meu conselho aos jovens: se vocês quiserem passar no vestibular, estudem gramática, empreguem mesóclises, escrevam "fi-lo porque qui-lo" e não leiam literatura. Mas se vocês quiserem sentir o delírio da leitura, se quiserem fazer amor com as palavras e experimentar os orgasmos da língua, deixem as leis da gramática de lado e aprendam a música das palavras. Literatura é música. Leiam o Manoel de Barros. Os livros dele não existiriam se tivessem que passar por revisores armados de *Aurélio*. Haverá título mais doido que *O livro das ignorânças?* O revisor corrigiria para *O livro das ignorâncias...*

A poesia começa com a transgressão. Dito pelo Manoel de Barros:

> Descobri aos 13 anos que o que me dava prazer nas leituras não era a beleza das frases, mas a doença delas. Comuniquei ao Padre Ezequiel, um meu Preceptor, esse gosto esquisito. Eu pensava que fosse um sujeito escaleno. – Gostar de fazer defeitos na frase é muito saudável, o Padre disse. Ele fez um limpamento em meus receios. O Padre falou ainda: Manoel, isso não é doença, pode muito que você carregue para o resto da vida um certo gosto por nadas... E riu. Você não é

bugre? – ele continuou. Que sim, respondi. Veja que bugre só pega por desvios, não anda em estradas. – Pois é nos desvios que encontra as melhores surpresas e os araticuns maduros. Há que apenas saber errar bem o seu idioma. Esse Padre Ezequiel foi o meu primeiro professor de agramática.

E mais: "A terapia literária consiste em desarrumar a linguagem a ponto que ela expresse nossos mais fundos desejos". Literatura é feito a casa. Casa arrumadinha emburrece, é mesmice, cada coisa em seu lugar, a gente fica do mesmo jeito sempre. Casa boa é cheia de surpresas. O gramático está para a linguagem da mesma forma como a dona da casa está para a casa arrumada. Mais sobre a terapia literária: "Sei que fazer o inconexo aclara as loucuras. Sou formado em desencontros. A sensatez me absurda. Os delírios verbais me terapeutam".

Inventaram um crime atroz: fazer resumo das obras literárias que vão cair no vestibular. E até se ganha dinheiro com livros tais. Ah! Queria mesmo é ver o resumo que fariam das escrituras do Manoel de Barros...

Como disse: gramática é necrotério, sala de anatomia, as palavras mortas sob o bisturi da análise. Literatura são as palavras vivas, fazendo o que elas bem desejam, à revelia de quem escreve. Por isso disse que eu esperava a ressurreição das mortas, no feminino. As mortas são as palavras, em estado de dicionário. Mas aí eu pergunto: Quem sentirá vontade de fazer amor fazendo a necropsia da amada morta?

SOBRE A FUNÇÃO
CULTURAL DAS PRIVADAS

"Por gentileza, a senhora podia me dizer onde fica a privada?" A anfitriã, ao ouvir a palavra "privada", assusta-se e ruboriza-se. "Privada" não é palavra que se fale. Trata de remendar: "Ah, o banheiro... O banheiro fica no fim daquele corredor...". O homem encaminha-se para o local indicado, intrigado: "Eu já tomei banho. Não quero tomar banho de novo...". Mas logo, ao entrar no banheiro, vê que a anfitriã estava enganada. Lá não há nem banheira nem chuveiro. Só há uma privada – que é, precisamente, aquilo que ele está procurando.

Não é educado falar "privada". "Vou à privada...": isso não se diz, principalmente pelo fato de que essa palavra é sinônima da "latrina", palavra de música feia, há muito fora de uso, exceto nos escritos do Manoel de Barros que diz: "Também as latrinas desprezadas que servem para ter grilos dentro – elas podem um dia milagrar violetas". Mas como as pessoas comuns não leem o Manoel de Barros, não se pode esperar que elas, ao ouvirem a palavra "latrina", pensem em violetas.

O educado é "banheiro". E também *toilette* que, segundo o dicionário, é "ato de se lavar, pentear e vestir". Mas quando uma pessoa pergunta pelo banheiro ou pelo toalete ela não está pensando em tomar banho ou se lavar. Está pensando em outra coisa.

A primeira vez que fui aos Estados Unidos, arranhando inglês, numa escola, premido por forças fisiológicas, procurei o dito quarto. E logo vi, numa porta, escrito: *Private*. Achei que *private* era "privada". Entrei pela porta. Mas logo descobri que *private* queria dizer que aquele era um cômodo onde eu não podia entrar. Quando, pela primeira vez, desci num aeroporto nos Estados Unidos, e vi placas indicando *rest-rooms*, achei que eram salas vip, com poltronas confortáveis, onde as pessoas descansavam, porque *rest-room*, traduzido literalmente, é "quarto de repouso". Mas não era. Era o lugar onde estavam as privadas e os mictórios.

Estou propondo que se recupere a dignidade da palavra "privada". Pois suspeito que ela esteja ligada a "privacidade", como o *private* americano. A privada é o lugar onde estamos sós e ninguém tem o direito de nos incomodar. Lugar de refúgio, santuário de solidão. Quando a gente está na privada não tem que se comportar direito, não tem que prestar atenção ao que os outros estão dizendo. É um lugar de liberdade e honestidade. Em reuniões, quando a agitação é muita, esse recurso é muito eficaz. "Vocês me dão licença...". Sem explicar nada, todo mundo sabe que nos retiramos por motivos imperiosos. Não sabem que o que a gente deseja é ficar sozinho. Ali a gente não tem que estar sorrindo, não tem que achar as piadas engraçadas, pode se dar ao luxo de não falar.

Mas o meu interesse atual pelas privadas liga-se à minha crônica "Casas que emburrecem". Acho que as privadas podem se tornar lugares desemburrecedores, que excitam a inteligência.

Educação, como se sabe, se faz com livros. Mas, com os inúmeros estímulos da televisão e a correria da vida, as pessoas leem cada vez menos e, com isso, ficam burras cada vez mais. Mas a privada, onde nada nos perturba e ninguém tem o direito de nos interromper (a menos que você seja dos tolos que levam o telefone para a privada...), é um lugar excepcional para a leitura.

Vi, muitos anos atrás, nos Estados Unidos, uma coisa insólita, que jamais passaria pela minha cabeça: um papel higiênico que tinha, em cada folha, um aforismo, máxima ou conselho. O usuário não resistia à tentação e, antes de fazer o uso normal do papel, lia o que estava escrito, o que contribuía decisivamente para sua formação intelectual e espiritual. Imaginei uma melhoria nessa ideia: livros inteiros impressos no papel higiênico. Assim, aos poucos, assentada na privada, a pessoa iria lendo as grandes obras da literatura mundial. Vai aqui uma sugestão para as fábricas de papel higiênico. Um bom moto de propaganda seria: "Use o papel higiênico 'Inteligente', que dá cultura antes de limpar". Se, no futuro, aparecerem tais papéis higiênicos inteligentes no mercado, quererei receber minha porcentagem de direitos autorais. E invocarei vocês, leitores, como testemunhas de que a ideia original foi minha.

Mas, deixando de lado essas digressões, passo ao que me interessa: estou sugerindo aos pais e às mães, preocupados com a educação dos filhos e com sua própria educação, que transformem as privadas em bibliotecas. Uma minibiblioteca, é claro. Mas essa minibiblioteca seria suficiente para operar grandes transformações nos que leem enquanto assentados no trono. A vantagem de tal providência seria uma transformação na língua, pois que as privadas, em vez de serem chamadas eufemisticamente de "banheiro", seriam orgulhosamente chamadas de "biblioteca privada". "Por gentileza, a senhora poderia me dizer onde fica a biblioteca privada? Estou sentindo uma premente necessidade de cultura...". E a anfitriã responderia, orgulhosamente: "No fim do corredor. Lá o senhor encontrará livros fascinantes para ler...".

As modificações nas privadas seriam mínimas. Uma pequena estante... Os artesãos de madeira que expõem na feira de artesanato bem que poderiam fazer essas pequenas estantes a serem afixadas ao alcance da mão da pessoa que está assentada. Se isso não for possível, uma mesinha serve. Aqueles momentos, então, seriam momentos de prazer duplo, fisiológico e intelectual.

Vou dizer os livros que, na minha opinião, devem estar na "biblioteca privada".

Um livro com as tirinhas do Calvin. Se você ainda não conhece o Calvin, saiba que quando o *Correio Popular* chega, vou direto ao Caderno C, para lê-lo. O Calvin é sempre uma pitada de sabedoria infantil no mundo louco dos adultos. O Calvin é uma alegria. Há livros com coleções de tirinhas.

Alguns números do Asterix. Quem não conhece o Asterix está perdendo uma das grandes alegrias da vida. São estórias de um pequeno herói gaulês e do seu amigo gordão, de força imbatível, Obelix. Aconselho, especialmente, os números *Asterix Legionário* e *Obelix & Cia.* Quem lê *Obelix & Cia.* fica sabendo tudo o que é preciso saber sobre o capitalismo, rindo e sem precisar aprender economês.

De Herman Hesse, *Para ler e pensar* – uma coletânea de pensamentos curtos sobre os mais variados tópicos: amor, morte, política, educação, arte. Fica mais sábio quem lê.

Da Adélia Prado, *Solte os cachorros* – hilariante. Não é poesia; é prosa.

Não pode faltar poesia. Para os iniciantes, aconselho a leitura de Mario Quintana. E o Manoel de Barros: *Livro sobre nada.*

Livros de arte. A coleção *Taschen*, encontrada em qualquer livraria, é maravilhosa. Baratos. Você pode escolher: Picasso, Monet, Dalí, Michelangelo, Rafael, Klimt, Klee (leia-se "klêe", e não "kli"), Botticelli, Von Stuck e muitos outros. As crianças e os adultos se deleitarão. Também o *Meu primeiro livro de arte.*

Gostaria que alguns livros meus também fizessem parte dessa "biblioteca privada". Crônicas, *O amor que acende a lua, O retorno e terno, Sobre o tempo e a eternaldade.* E livros infantis: *A menina e o pássaro encantado, A volta do pássaro encantado, Os três porquinhos.*

E um livro de peso que quando lido fica leve: *Confesso que vivi*, de Neruda.

Você vai notar uma coisa curiosa: as visitas à "biblioteca privada" vão ficar mais frequentes e mais demoradas... Eu não disse, no início, que as privadas podem ter uma função cultural?

ANIMAIS DE CORPO MOLE

Meu amigo Fábio Roland, da Universidade de Juiz de Fora, cientista especializado na biologia dos lagos, contou-me que o primeiro interesse científico de Piaget foram os moluscos dos lagos da Suíça. *Molluscus* em latim quer dizer "mole", e se deriva de *mollis* = mole. Moluscos são animais invertebrados que normalmente têm seus corpos protegidos por uma concha, tais como as ostras, os mariscos, os caramujos. Eu me juntaria alegremente a Piaget em suas pesquisas porque as conchas dos moluscos sempre me foram objetos fascinantes. Veja, por exemplo, a concha frágil de um simples caramujo gelatinoso, essa praga inimiga de jardins: assombro bioquímico, assombro arquitetônico, assombro matemático, assombro estético. Não admira que haja pessoas que se dediquem a fazer coleção de conchas, como foi o caso de Neruda. Quem tem olhos de poeta vê nas conchas sugestões metafísicas: elas falam sobre a intenção estética que pulsa no universo. A tranquila contemplação de conchas pode nos levar a uma experiência mística. Como diria Bachelard: a matéria tem imaginação...

Depois Piaget abandonou os moluscos. Seu interesse voltou-se para a psicologia, a compreensão dos processos de conhecimento, seu nascimento, seu desenvolvimento e seus mecanismos. Aparentemente, parece que Piaget mudou repentinamente o foco do seu interesse. Que ligação poderia haver entre os moluscos e a psicologia humana? Minha hipótese é que ele não se desviou do seu interesse original pelos moluscos. Moluscos e homens têm algo em comum: ambos têm corpo mole. Os moluscos, para proteger o seu corpo mole – delicadas delícias culinárias, como é o caso das ostras e dos *scargots* – e sobreviver, constroem casas chamadas conchas. Os homens, para proteger seu corpo mole e sobreviver, têm também que construir casas. Moluscos e homens são ambos "construtivistas". A diferença é que o corpo dos moluscos já nasce sabendo a arte de construir suas casas. O modelo, os materiais e a forma de suas casas já estão dentro deles. Moluscos não precisam ir à escola. Não precisam pensar para inventar suas conchas. Mas, ai de nós! Nascemos com um corpo mais mole que o dos moluscos: a pele frágil, desprotegida. Não temos nem penas, nem escamas, nem couro, nem cabelos, nem carapaças. Nascemos nus no sentido mais bruto da palavra. Nus, não sobreviveríamos diante do frio, da neve, da chuva, do calor. Sem saber o que fazer – inferiores, portanto, aos moluscos –, esse corpo mole, nu e desajeitado teve que inventar sua casa. Para isso, teve que aprender a pensar. Foi da moleza do nosso corpo que nasceu a inteligência. Você sabe isso por experiência própria: a inteligência só funciona quando o corpo não dá conta de resolver um impasse prático. Diante de um impasse prático, ele pensa. Inventa. Como diz o ditado: "A necessidade é a mãe da invenção". A inteligência é a função que torna possível aos homens construir suas casas. E como o nosso corpo, mais incompetente que o corpo dos moluscos, não pode secretar sua própria casa, o jeito é fazer a casa com os materiais que se encontram espalhados pelo espaço ao redor, no mundo. A construção da casa exige conhecimento do mundo. Essa é a origem da ciência. A inteligência sai à procura dos seus materiais. Tem que incursionar pelo mundo: pesquisar. Mas suas incursões e pesquisas não se fazem a esmo: fazem-se guiadas por um motivo prático. A inteligência busca o que é útil. O que é inútil ela ignora. Não é necessário aprender. Vai ao mundo para colher os materiais necessários à construção da casa. A inteligência, assim, tem uma orientação ecológica. Ecologia é uma palavra derivada da palavra grega *oikia*, que quer dizer "casa". No início a pesquisa é bem prática e imediata: a busca dos materiais para fazer a casa. Resolvido o problema inicial, a pesquisa se amplia. O corpo precisa conhecer os arredores, rios, montanhas, matas, porque, para sobreviver, ele não pode ficar metido na sua toca. Esse espaço é o "quintal" da casa. É preciso conhecer os sinais do tempo. A sobrevivência no verão é diferente da sobrevivência no inverno. É preciso conhecer os hábitos dos bichos e dos peixes, para serem caçados e pescados. É preciso conhecer as propriedades alimentícias e medicinais das plantas. Pelo conhecimento, o espaço da casa se amplia. O homem pode sair de sua casa sem se perder. Pode sair de sua casa para sobreviver. Mas ele volta sempre para a casa.

A concha que o nosso corpo mole produz, assim, não é feita só com materiais físicos. É feita com conhecimento. Por vezes esse conhecimento fica mais duro que as conchas dos moluscos – havendo sempre o perigo de que ela se transforme numa prisão, como se fosse uma concha que não se abre. Conheço muitas pessoas assim.

A inteligência é uma corda esticada entre dois pontos. De um lado, a necessidade: construir a casa. Do outro, os materiais disponíveis. As primeiras casas foram grutas. Gruta é uma casa pronta. Não precisa ser inventada. É só entrar dentro dela. Mas nos lugares onde não há grutas foi necessário construir grutas artificiais. A inteligência dos esquimós produziu o iglu, concha maravilhosa feita com blocos de gelo. Lá dentro é quentinho. Curioso que dentro de uma concha de gelo faça calor! Nos países frios os pássaros se abrigam dentro dos iglus naturais que a neve faz sobre os arbustos. Os esquimós jamais pensariam em construir casas de madeira ou de lona porque esses materiais não são encontrados no mundo em que vivem. E os beduínos, no deserto, jamais poderiam imaginar um iglu. No deserto não há gelo. Nem fariam uma casa fixa: eles são tribos errantes. Suas casas são tendas de pano que podem ser desmontadas e transportadas. Populações que moram à beira de rios sujeitos a enchentes logo perceberam que suas casas deveriam ter pernas de pau: inventaram as palafitas. Que coisa interessante seria estudar, com as crianças, os vários tipos de casa. A necessidade de construir casa é universal. Mas dessa necessidade surgem as mais diferentes "ciências" do mundo, em função dos materiais que são usados para a construção das casas.

A inteligência é ferramenta do corpo. (Por vezes – é preciso acrescentar – ela é brinquedo do corpo... Quem está montando um quebra-cabeça ou jogando um jogo de xadrez está usando a inteligência como brinquedo.)

Casas são extensões do corpo – prolongamentos dos nossos órgãos. Anote isto: o corpo é egoísta; ele pensa e age no sentido de viver. Por isso ele pensa e age praticamente. O que não é prático ele ignora – esquece.

Os materiais com que a casa é construída – paredes, teto, portas – são extensões dos meus ossos e músculos. As janelas são extensões dos pulmões e dos olhos. O fogão de lenha, em sua função de aquecer, é uma expansão da pele. Mas na sua função de cozinhar ele é uma extensão da boca (o gosto bom da comida) e do aparelho digestivo: comida cozida ajuda a digestão. A casa está cheia de uma infinidade de objetos que usamos constantemente: caixas de fósforo, torneiras, interruptores elétricos, espelhos, *sprays*, remédios, facas, garfos, vassouras, papel, fogão, martelos, pregos, serrotes, fotografias, rádios, televisões, chuveiros, sabões, lâmpadas, velas, brinquedos, cestas de lixo. Cada um desses objetos é um mundo. Cada um deles é produto de invenção. Cada um deles está cheio de inteligência. Uma casa que provoca a inteligência deve estar cheia desses objetos. Ah! Como as caixas de ferramentas são importantes! Laboratórios inesgotáveis de física. E que dizer da cozinha, lugar de química?

Essa orientação ecológica do conhecimento tem uma consequência muito interessante. Casa é casa *do corpo*. O que é a minha casa? Minha casa é o espaço que o meu corpo construiu para si mesmo. Um princípio fundamental da inteligência é que ela só funciona em relação àquilo que diz respeito a uma necessidade prática do corpo, no preciso momento em que ele está vivendo. Cada professor, ao tentar ensinar qualquer coisa, deveria se fazer esta pergunta: "Qual é a função prática do que estou ensinando, para o momento da vida do aluno à minha frente?". Já imaginou um professor ensinando aos beduínos no deserto a arte de fazer iglus? Ou a arte da pesca? E que dizer de um professor que ensinasse aos moradores das montanhas a arte de navegar?

Anote isto: o corpo não aceita programas de saberes lógica e abstratamente organizados que não estejam relacionados com o desafio da construção de suas casas. Claro: para os navegadores, seus barcos e o mar são parte de sua casa. Para os que trabalham o solo, suas ferramentas, as sementes e as pragas são parte de sua casa. Para os pintores, as tintas e os pincéis são parte de sua casa. Para quem está doente, o conhecimento do corpo e das poções medicinais é parte de sua casa. Em resumo: o currículo é determinado pela vida, pelos desafios que se encontram no momento, dados pelo ambiente – os alemães usam a palavra *Umwelt* para designar isso. *Um* quer dizer "ao redor". E *Welt* quer dizer "mundo". *Umwelt* = "o mundo ao redor".

Pois foi isto que Piaget tratou de compreender cientificamente: os mecanismos da inteligência no seu esforço para manipular o seu ambiente, seja pelas manipulações práticas, seja pelas manipulações do pensamento. A inteligência é uma construtora de casas.

Como você pode ver, há uma analogia entre os moluscos e os homens...

SOBRE MOLUSCOS, CONCHAS E BELEZA...

Voltamos ao mundo dos moluscos que fez Piaget pensar sobre os homens... Deles, a primeira coisa que vi foram as conchas. Eu vi, simplesmente, sem nada saber sobre suas origens. Ignorava que existissem moluscos. Não sabia que elas, as conchas, tinham sido feitas para ser casas daqueles animais de corpo mole que, sem elas, seriam devorados pelos predadores. Meus olhos apenas viram. Viram e se espantaram. O espanto: os gregos sabiam que é no espanto que o pensamento começa. O espanto é quando um objeto se coloca diante de nós como um enigma a ser decifrado: "Decifra-me ou te devoro!". Conchas são objetos espantosos. Enigmas. As conchas me fizeram pensar.

Foi um espanto estético. Foi a beleza que exigiu que eu as decifrasse. Conchas são objetos assombrosos, construídos segundo rigorosas relações matemáticas. É possível transformar conchas em equações. Os moluscos não eram apenas engenheiros competentes na construção de casas. Eram também artistas, arquitetos. Suas casas tinham que ser belas. Será que a natureza tem uma alma de artista? Coisa estranha essa, com certeza alucinação de poeta, imaginar que a natureza seja uma casa onde mora um artista! Não para Bachelard, que não se envergonhava em falar sobre "imaginação da matéria". Haverá uma analogia entre a natureza e o espírito humano? Serão os homens apenas a natureza tomando consciência de si? Antes que a *Pietà* existisse como escultura existiu como realidade virtual na alma de Michelangelo. Antes que as conchas existissem como objetos assombrosos elas existem como realidades virtuais na "alma" dos moluscos...

O espanto ante as conchas me faz pensar. Pensei que a vida não produz apenas objetos úteis, ferramentas adequadas à sobrevivência. A vida não deseja apenas sobreviver. Ela não se satisfaz com a utilidade. Ela constrói seus objetos segundo as normas da beleza. A vida deseja alegria. Assim acontece conosco: precisamos sobreviver e para isso cultivamos repolhos, nabos e batatas e estabelecemos a ciência do cultivo de repolhos, nabos e batatas – ciência que se transmite de geração em geração, nas escolas. E esse é um dos sentidos da ciência: receitas para a construção de ferramentas para a sobrevivência. Mas, por razões que se encontram além das razões científicas, talvez por obra do artista invisível que mora em nós, gastamos nosso tempo e nossas forças na produção de coisas inúteis, tais como violetas, orquídeas e rosas, coisas que não servem para nada e só dão trabalho... Nosso corpo não se alimenta só de pão. Ele tem fome de beleza. Creio que Jesus Cristo não se importaria e até mesmo sorriria se eu fizesse uma paráfrase da sua resposta ao Diabo, que o tentava com a solução prática: "Não só de repolhos, nabos e batatas viverá o homem, mas também de violetas, orquídeas e rosas...".

Uma menina perguntou a Mario Quintana se era verdade que os machados públicos iriam cortar um maravilhoso pé de figueira que havia numa praça. Isso o levou de volta aos seus tempos de menino – no quintal de sua casa havia uma paineira enorme que, quando florescia, era uma glória. Até que um dia foi posta abaixo, simplesmente "porque prejudicava o desenvolvimento das árvores frutíferas. Ora, as árvores frutíferas! Bem sabes, meninazinha, que os nossos olhos também precisam de alimento...".

Penso que, desde que o objetivo da educação é permitir que vivamos melhor, nossas escolas deveriam tomar a natureza como sua mestra. Assim, já que tanto falam em Piaget, imaginei que poderiam adotar as conchas como símbolos – afinal de contas, foi no estudo dos moluscos que o seu pensamento sobre educação se iniciou... –, posto que nelas se encontra, em resumo, toda uma filosofia: foi o espanto diante das conchas que me fez filosofar... E quando, perguntados por pais e alunos sobre as razões de serem as conchas os símbolos da escola, os professores teriam uma ocasião para lhes dar a primeira aula de filosofia da educação:

> O objetivo da educação é ensinar as novas gerações a construir casas. É preciso que as casas sejam sólidas, por causa da sobrevivência. Para isso as escolas ensinam a ciência. Mas não basta que nossas casas sejam sólidas. É preciso que sejam belas. A vida deseja alegria. Para isso as escolas ensinam as artes. É preciso educar os sentidos.

Hume, ao final do seu livro *Investigação sobre o entendimento humano*, propõe duas perguntas, somente duas, que, se feitas, produziriam uma assepsia geral do conhecimento. De forma semelhante, e inspirado pela sabedoria dos moluscos e suas conchas, quero propor duas perguntas a serem feitas a tudo aquilo que se ensina nas escolas. Primeira: isso que estou ensinando é uma ferramenta? Tem um uso prático? Aumenta o poder do meu aluno sobre o mundo que o cerca? De que forma ele pode usar isso que estou ensinando como ferramenta para construir a sua concha, a sua "casa"? Segunda: isso que estou ensinando contribui para que o meu aluno se torne mais sensível à beleza? Educa a sua sensibilidade? Aumenta suas possibilidades de alegria e espanto? Concluo com as palavras de Hume: se a resposta for negativa, então, "que seja lançado ao fogo" – porque nada tem a ver com a sabedoria da vida. Não passa de tolice e perda de tempo...

PRIMEIRA LIÇÃO PARA OS EDUCADORES

Tenho uma grande ressonância espiritual com Herman Hesse. Comove-me, de maneira especial, a figura de Joseph Knecht, que é o personagem central do seu livro *O jogo das contas de vidro*. Joseph Knecht era o líder espiritual, o *magister ludi* de uma ordem monástica que se dedicava ao cultivo da beleza. Ele, mestre supremo, era um músico, intérprete de Bach. Havia atingido o ponto máximo que um homem pode atingir. Não havia altura maior que ele pudesse galgar. No entanto, com a velhice, aconteceu uma mudança no seu coração – igual à mudança que acontecera no coração de Zaratustra, depois de dez anos de solidão no alto de uma montanha. Começou a sentir uma dolorosa nostalgia por uma coisa muito simples, muito humilde. Começou a desejar que os últimos anos de sua vida fossem gastos não nas alturas onde ele se encontrava, mas nas planícies onde os homens comuns viviam. Veio-lhe o desejo de descer (tal como aconteceu com Zaratustra, depois de dez anos nas alturas das montanhas...) para educar uma criança, uma única criança, que ainda não tivesse sido deformada pela escola.

Hesse era apaixonado pela educação. Declarou que, de todos os assuntos culturais, era o único que lhe interessava. Mas o curioso é que, ao mesmo tempo, ele sentia um horror pelas escolas – lugar onde as crianças eram deformadas. Nós dois poderíamos ter sido amigos. Sentimos igual. A educação é a paixão que queima dentro de mim. E, no entanto, olho para as escolas com desconfiança...

Estremeço quando me dizem que há entrevistadores de televisão e de jornais à minha espera. Sei, de antemão, a primeira pergunta que vão me fazer. "O que é que o senhor acha da educação no Brasil?". A pergunta é banal porque eles já esperam uma resposta estereotipada. Querem que eu denuncie a falta de verbas, a condição de indigência dos professores, o mau aproveitamento dos alunos etc. Mas isso todo mundo já sabe. É um equívoco pensar que com mais verbas a educação ficará melhor, que os alunos aprenderão mais, que os professores ficarão mais felizes. Como é um equívoco pensar que, com panelas novas e caras, o mau cozinheiro fará comida boa. Educação não se faz com dinheiro. Educação se faz com inteligência. E aí, frustrando as expectativas dos entrevistadores, eu falo sobre coisas lindas que estão acontecendo por esse Brasil afora, no campo da educação. Porque o fato é que, a despeito de todas as coisas ruins e andando na direção contrária, há professores que amam os seus alunos e sentem prazer em ensinar.

Não há nada que tenha ocupado tanto o meu pensamento quanto a educação. Não acredito que exista coisa mais importante para a vida dos indivíduos e do país que a educação. A democracia só é possível se o povo for educado. Mas ser educado não significa ter diploma superior. Significa ter a capacidade de pensar. Diplomas somente atestam que aqueles que os têm são portadores de um certo tipo de conhecimento. Mas ser portador de um certo tipo de conhecimento não é saber pensar. É ter arquivos cheios de informações. Nossas universidades são avaliadas pelo número de artigos científicos que seus cientistas publicam em revistas internacionais em línguas estrangeiras. Gostaria que houvesse critérios que avaliassem nossas universidades por sua capacidade de fazer o povo pensar. Para a vida do país, um povo que pensa é infinitamente mais importante que artigos publicados para o restrito clube internacional de cientistas.

É muito fácil continuar a repetir as rotinas, fazer as coisas como têm sido feitas, como todo mundo faz. As rotinas e repetições têm um curioso efeito sobre o pensamento: elas o paralisam. A nossa estupidez e a nossa preguiça nos levam a acreditar que aquilo que sempre foi feito de um certo jeito deve ser o jeito certo de fazer. Mas os gregos sabiam diferente: sabiam que o conhecimento só se inicia quando o familiar deixa de ser familiar; quando nos espantamos diante dele; quando ele se transforma num enigma. "O que é conhecido com familiaridade.", diz Hegel, "não é conhecido pelo simples fato de ser familiar".

Dediquei grande parte da minha vida ao ensino universitário e tive muitas experiências boas. Mas a sensação que tenho é que, nas universidades, já é tarde demais. Os costumes e as rotinas já estão por demais sacralizados. Aqui o processo de deformação a que se referiu Hesse já atingiu um ponto irreversível. Sinto o mesmo que sentiu Joseph Knecht, no final de sua vida. Quero voltar às origens. Quero me encontrar com o pensamento no momento mesmo em que ele nasce.

Lembrem-se de minha crônica "Animais de corpo mole" (p. 63). Comecei, como Piaget, dos moluscos, animais de corpo mole que têm que fazer conchas para sobreviver. Usei os moluscos como metáforas do que acontece conosco, animais de corpo mole que, à semelhança dos moluscos, temos também que fazer casas para sobreviver. Toda atividade humana é um esforço para construir casas. Casas são o espaço conhecido e protegido onde a vida tem maiores condições de sobreviver. Espaço familiar. Piaget sugeriu que o corpo deseja transformar o espaço que o rodeia numa extensão de si mesmo. Esse espaço, extensão do corpo, é a nossa casa. Da necessidade de construir uma casa surge a ciência dos materiais – a física mecânica, a hidráulica, o conhecimento e o domínio do fogo. Da necessidade de comer surgem as ciências das hortas e da agricultura. Da necessidade estética de beleza surge a ciência da jardinagem. Da necessidade de viajar para caçar e comerciar surge a ciência dos mapas – a geografia. Da necessidade de navegar surge a astronomia. E assim vai o corpo, expandindo-se cada vez mais, para que o espaço desconhecido e inimigo ao seu redor se transforme em espaço conhecido e amigo. Até mesmo o universo... Se os homens olharam para os céus e pensaram astronomia e astrologia é porque viram a abóbada celeste e as estrelas como o grande telhado do mundo. O universo é uma casa. Karl Popper, no prefácio ao seu livro *A lógica da investigação científica*, diz da inspiração original da ciência (por oposição àqueles que a pensam como a produção quantitativa de artigos a serem publicados em revistas internacionais) que ela procurava compreender o universo onde vivemos. Era preciso conhecer essa casa enorme onde moramos para nos sentirmos em casa. Um universo que se conhece é um universo que faz sentido. "Quanto a mim", ele diz, "estou interessado em ciência e em filosofia somente porque eu desejo saber algo sobre o enigma do mundo no qual vivemos e o enigma do conhecimento que o homem tem deste mundo. E eu creio que somente um reavivamento no interesse desses enigmas pode salvar as ciências e a filosofia das estreitas especializações e de uma fé obscurantista nas habilidades especiais dos especialistas e no seu conhecimento e autoridade pessoais".

"O enigma do conhecimento que o homem tem deste mundo": é nesse ponto que a filosofia da educação tem o seu início. Onde nasce o nosso desejo de conhecer? Para que conhecemos? Como conhecemos? Essas são as questões que me preocupam. E é por isso que estou interessado no conhecimento, no momento exato do seu nascimento. Quero vê-lo nascendo, como uma criança sai do corpo da mulher. O conhecimento dos moluscos e de outros animais sobre a arte de construir casas nasce com eles. Mas não nasce conosco. Nascemos ignorantes. Que forças nos arrancaram da ignorância? Que poder penetrou no corpo mole do homem e o engravidou, transformando-o num pensador? Que poder foi esse que transformou o cérebro em útero? E que forças o ajudam a nascer?

Para ter resposta a essas perguntas basta observar esse milagre acontecendo na vida de uma criança.

Primeira lição para os educadores: a questão não é ensinar as crianças. A questão é aprender delas. Na vida de uma criança a gente vê o pensamento nascendo – antes que a gente faça qualquer coisa...

A CASA – A ESCOLA

Uma professora me escreveu pedindo que eu lhe desse algumas dicas sobre como despertar o interesse dos seus alunos sobre sua matéria. Sua pergunta brotava do seu sofrimento. Preparava suas aulas como havia aprendido nas aulas de didática – mas suas aulas não eram capazes de seduzir a imaginação dos seus alunos. Numa situação como essa o mais fácil e o mais comum é culpar os alunos: eles são indisciplinados, não querem aprender, são psicologicamente incapazes de concentrar a atenção. Essa professora não culpava os alunos. Culpava a si mesma. Devia haver algo de errado em suas aulas para que os alunos não prestassem atenção.

Uma aula é como comida. O professor é o cozinheiro. O aluno é quem vai comer. Se a criança se recusa a comer pode haver duas explicações. Primeira: a criança está doente. A doença lhe tira a fome. Quando se obriga a criança a comer quando ela está sem fome, há sempre o perigo de que ela vomite o que comeu e acabe por odiar o ato de comer. É assim que muitas crianças acabam por odiar as escolas. O vômito está para o ato de comer como o esquecimento está para o ato de aprender. Esquecimento é uma recusa inteligente da inteligência. Segunda: a comida não é a comida que a criança deseja comer: nabo ralado, jiló cozido, salada de espinafre... O corpo é um sábio. Etimologicamente a palavra sábio quer dizer "eu degusto". O corpo não é um porco que come tudo o que jogam para ele, como se tudo fosse igual. Ele opera com um delicado senso de discriminação. Algumas coisas ele deseja. Prova. Se são gostosas, ele come com prazer e quer repetir. Outras não lhe agradam, e ele recusa. Aí eu pergunto: o que se deve fazer para que as crianças tenham vontade de tomar sorvete? Pergunta boba. Nunca vi criança que não estivesse com vontade de tomar sorvete. Mas eu não conheço nenhuma mágica que seja capaz de fazer com que uma criança seja motivada a comer salada de jiló com nabo. Nabo e jiló não provocam sua fome.

As crianças têm, naturalmente, um interesse enorme pelo mundo. Os olhinhos delas ficam deslumbrados com tudo o que veem. Devoram tudo. Lembro-me da minha neta de um ano, agachada no gramado encharcado, encantada com uma minhoca que se mexia. Que coisa fascinante é uma minhoca aos olhos de uma criança que a vê pela primeira vez! Tudo é motivo de espanto. Nunca esteve no mundo. Tudo é novidade, surpresa, provocação à curiosidade. Visitando uma reserva florestal no Espírito Santo a bióloga encarregada de educação ambiental me contou que era um prazer trabalhar com as crianças. Não era necessário nenhum artifício de motivação. As crianças queriam comer tudo o que viam. Tudo provocava a fome dos seus olhos: insetos, pássaros, ninhos, cogumelos, cascas de árvores, folhas, bichos, pedras. Alberto Caeiro disse que foram as crianças que o ensinaram a ver. Disse que a criança que o ensinou a ver era Jesus Cristo tornado outra vez menino:

A mim ensinou-me tudo.

Ensinou-me a olhar para as coisas.

Aponta-me todas as coisas que há nas flores.

Mostra-me como as pedras são engraçadas

Quando a gente as tem na mão

E olha devagar para elas.

Quando eu era jovem e não sabia que os olhos das crianças eram diferentes dos olhos dos adultos eu ficava bravo com meus filhos quando a gente viajava. Eu olhava para fora do carro e ficava deslumbrado com cenários que via: montanhas, lagos, florestas. Queria que eles gozassem aquela beleza. Mostrava para eles, e era como se ela não existisse. Eles nem ligavam. E eu ficava com raiva. "Como podem ser insensíveis a tanta beleza?".

Eu não sabia que os olhos das crianças não têm fome de coisas que estão longe. Os olhos das crianças têm fome de coisas que estão perto. As crianças querem pegar aquilo que veem. Cenários não podem ser pegos com a mão. Quando são bem pequenas, elas olham, pegam e levam à boca: querem comer, sentir o gosto da coisa. O bichinho de que gostam é aquele que elas podem acariciar, colocar no colo: o coelhinho, o cachorrinho, o gatinho. Nunca vi crianças com interesse especial por peixes em aquários. Peixinhos não podem ser agradados, não podem ser colocados no colo. E nem por pássaros. A menos que os pássaros possam ser agradados. Conheço uma menina que tinha como seu bichinho de estimação uma galinha. Mas a galinha dela era diferente: vinha quando era chamada e gostava de ser agradada.

Todos os objetos que podem ser pegos com a mão são brinquedos para as crianças. E por isso elas gostam deles. Estão naturalmente motivadas por eles. Querem comê-los. Querem conhecê-los. Com sete anos de idade tive a minha primeira experiência fracassada com a engenharia mecânica. Secretamente desmontei o relógio de pulso de minha mãe. Infelizmente não consegui juntar as engrenagens de novo. Com sete anos eu sabia que os objetos são interessantes e que a gente os conhece não de longe, mas mexendo neles, desmontando e montando.

Para mim, esse é um princípio fundamental da aprendizagem: a fome de aprender acontece na fronteira entre o corpo e o ambiente. As crianças não se interessam por montanhas, lagos e florestas porque estão longe dos seus braços. Mas têm prazer em subir em árvores, apanhar frutas, descobrir ninhos, brincar nos remansos, pescar. As crianças se interessam por objetos com os quais os seus corpos podem estar em contato, que podem ser manipulados. Elas não têm um interesse natural por operações matemáticas abstratas. Mas se estão vendendo pipas na feira, elas se interessam logo por somar e diminuir para contabilizar preços e trocos. E que dizer da forma como elas aprendem a falar? Coisa mais assombrosa não existe! Elas não aprendem a falar abstratamente. Aprendem os nomes dos objetos e das pessoas ao seu redor, os verbos que indicam as atividades que fazem. Quando a criança diz "mamãe" ela está chamando para si um objeto querido. A princípio, toda palavra é uma invocação.

Aí elas vão para as escolas. Aí a aprendizagem sai da vida e passa para os programas. Programas são séries de conhecimentos organizados abstratamente numa ordem lógica. Mas a ordem dos programas, por terem sido preparados abstratamente, não segue a ordem da vida. Aparece então o descompasso. O que elas têm de aprender não é aquilo que o corpo delas quer aprender, pela simples razão de que a vida não segue programas. Aí surge a pergunta: como motivá-las a comer nabo e jiló? Vocês podem imaginar como é que se ensinaria uma criança a falar, seguindo-se um programa? Ela não aprenderia nunca.

Não gosto de laboratórios nas escolas. Sua função não é ensinar ciência. Sua função é seduzir os pais. Os pais querem sempre o melhor para os seus filhos e o que é moderno deve ser melhor. Uma escola que tem laboratórios com aparelhinhos deve ser uma boa escola. Mas os laboratórios, antes que os estudantes entrem nele, já ensinaram uma coisa fatal para a inteligência científica: que ciência é algo que acontece dentro daquele espaço. A ciência não começa com aparelhos. Ela começa com olhos, curiosidade e inteligência.

Sonho com uma escola que tenha a casa de morada da criança como seu laboratório. A casa é o seu espaço imediato. Ela está cheia de objetos e ações interessantes. Pensar a casa é pensar o mundo onde a vida de todo dia está acontecendo. Numa casa não poderia haver um currículo pronto porque a vida é imprevisível: não segue uma ordem lógica. Os saberes prontos ficariam guardados num lugar, como as ferramentas ficam guardadas numa caixa. As ferramentas são tiradas da caixa quando elas são necessárias para resolver problemas. Assim são os saberes: ferramentas. Ninguém aprende ferramenta para aprender ferramenta. O sentido da ferramenta é o seu uso na prática. O sentido de um saber é o seu uso na prática. Se não pode ser usado não tem sentido. Deve ser jogado fora.

E por falar nisso, a palavra "dígrafo", que todas as crianças têm de aprender, serve para quê? Assim são os nossos programas, cheios de "dígrafos" sem sentido... Por isso as crianças não aprendem.

CASAS QUE EMBURRECEM

"O senhor concedendo, eu digo: para pensar longe, sou cão mestre – o senhor solte em minha frente uma idéia ligeira, e eu rastreio essa por fundo de todos os matos, amém!"

Quem disse foi o Riobaldo, com o que concordo e também digo amém. Pois eu estava rastreando uns camundongos burros criados pelo professor Tsien e umas teorias do professor Reuben Feuerstein (pronuncia-se fóierstáin) no meio de uma mataria de ideias quando topei com um menino de sandálias havaianas na porta do aeroporto de Guarapuava, que fez minha rastreação parar. O que ele me pedia era mais importante: pedia que eu lhe comprasse um salgadinho para ajudar. Parei, comprei, comi, perdi o rumo, deixei de rastrear os camundongos do professor

Tsien e as teorias do professor Feuerstein, entrei por uma "digressão", meu pensamento excursionou ao sabor das minhas emoções – mas agora estou de volta, o faro de cão rastreador afinado de novo.

Pois o professor Tsien, da Universidade de Princeton, deu-se ao trabalho de criar camundongos mais burros que os domésticos. Se você se espanta com o fato de um cientista gastar tempo e dinheiro para produzir camundongos burros, desejo chamar a sua atenção para o fato de que a burrice é muito útil, do ponto de vista político e social. Aldous Huxley afirma que a estabilidade social do *Admirável mundo novo* se devia aos mecanismos psicopedagógicos cujo objetivo era emburrecer as pessoas. A educação se presta aos mais variados fins. Pessoas inteligentes, que vivem pensando e tendo ideias diferentes, são perigosas. Ao contrário, a ordem político-social é mais bem servida por pessoas que pensam sempre os mesmos pensamentos, isto é, pessoas emburrecidas. Porque ser burro é precisamente isto, pensar os mesmos pensamentos – ainda que sejam pensamentos grandiosos. Prova disso são as sociedades das abelhas e das formigas, notáveis por sua estabilidade e capacidade de sobrevivência.

Os camundongos burros do professor Tsien, confrontados com situações problemáticas, eram sempre derrotados pelos camundongos domésticos. Mas o objetivo da pesquisa era inteligente. O professor Tsien queria testar uma teoria: a de que, se os camundongos burros fossem colocados em situações interessantes, estimulantes, desafiadoras, sua inteligência inferior construiria mecanismos que os tornariam inteligentes. Em outras palavras: limitações genéticas da inteligência podem ser compensadas pelos desafios do meio ambiente. Assim, ele colocou os camundongos burros em gaiolas que mais se pareciam com parques de diversão, dezenas de coisas a serem feitas, dezenas de situações a serem exploradas, dezenas de objetos curiosos. Como mesmo os burros têm curiosidade e gostam de fuçar, os camundongos começaram a agir. Depois de um certo período de tempo, colocados em situações idênticas juntamente com os camundongos domésticos, os camundongos burros tinham deixado de ser burros. Não ficaram de recuperação.

Não conheço a obra do professor Feuerstein. Suas teorias sobre a inteligência me foram contadas. Fiquei fascinado. Desejo que ele esteja certo. Pois o que ele pensa está de acordo com as conclusões de laboratório do professor Tsien. Feuerstein tem interesse especial em pessoas que, por fatores genéticos (síndrome de Down, por exemplo) ou ambientais (ambientes pobres econômica e culturalmente), tiveram suas inteligências prejudicadas. Ao serem testadas, seu desempenho é inferior ao de crianças "normais". Sua hipótese, testada e confirmada, é que, se tais pessoas forem colocadas em ambientes interessantes, desafiadores e variados, sua inteligência inferior sofrerá uma transformação para melhor. A inteligência se alimenta de desafios. Diante de desafios, ela cresce e floresce. Sem desafios, ela murcha e encolhe. As inteligências privilegiadas podem também ficar emburrecidas pela falta de excitação e desafios.

Isso me fez dar um pulo dos camundongos do professor Tsien, das teorias do professor Feuerstein, para as casas onde moramos. Nossas casas são um dos muitos ambientes em que vivemos. Cada ambiente é um estímulo para a inteligência. (É difícil ser inteligente num elevador. No elevador só há uma coisa a fazer: apertar um botão...). E pensei que há casas que emburrecem e há casas onde a inteligência pode florescer.

Não adianta ser planejada por arquiteto, rica, decorada por profissionais, cheia de objetos de arte. Não sei se decoração é arte que se aprende em escola. Se a decoração se aprende em escola, pergunto se existe, no currículo, uma matéria com o título: "Decoração de emburrecer – Decoração para provocar a inteligência"... Essa pergunta não é ociosa. Casas que emburrecem tornam as pessoas chatas. Criam o tédio. Imagino que muitos conflitos conjugais e separações se devem ao fato de que a casa, finamente decorada, emburrece os moradores. Lá os objetos não podem ser tocados. Tudo tem que estar em ordem, um lugar para cada coisa, cada coisa em seu lugar. Orgulho da dona de casa, casa em ordem perfeita.

Acho que foi Jaspers que disse que não precisava viajar porque todas as coisas dignas de serem conhecidas estavam na sua casa. Jaspers viajava sem sair de casa. Mas há casas que são um tédio: lugar para dormir, tomar banho, comer, ver televisão. Se é isso que é a casa, então, depois de dormir, tomar banho, comer e ver televisão não há mais o que fazer na casa, e o remédio é sair de gaiola tão chata e ir para outros lugares onde coisas interessantes podem ser encontradas. Sugiro aos psicopedagogos que, ao lidarem com uma criança supostamente burrinha, investiguem a casa em que ela vive. O quarto mais fascinante do sobradão colonial do meu avô era o quarto do mistério, de entrada proibida, onde eram guardadas, numa desordem total, quinquilharias e inutilidades acumuladas durante um século. Ali a imaginação da gente corria solta. Já a sala de visitas, linda e decorada, era uma chatura. A criançada nunca ficava lá. Na sala de visitas a única coisa que me fascinava eram os vidros coloridos importados, lisos, através dos quais a luz do sol se filtrava.

Na minha experiência, a inteligência começa nas mãos. As crianças não se satisfazem com o ver: elas querem pegar, virar, manipular, desmontar, montar. Um amante se satisfaria com o ato de ver o corpo da amada? Por que, então, a inteligência iria se satisfazer com o ato de ver as coisas? A função dos olhos é mostrar, para as mãos, o caminho das coisas a serem mexidas.

Acho que uma casa deve estar cheia de objetos para serem mexidos. A casa, ela mesma, é para ser mexida. Razão por que eu prefiro as casas velhas. Tenho um amigo que comprou um lindo apartamento, novinho, e morre de tédio. Porque não há, no seu apartamento, nada para ser consertado. Eu sinto uma discreta felicidade quando alguma coisa quebra ou enguiça. Porque, então, eu posso brincar...

Os livros precisam estar ao alcance das mãos. Em todo lugar. Na sala, no banheiro, na cozinha, no quarto. Muito útil é uma pequena estante na frente da privada, com livros de leitura rápida. Livros de arte, por exemplo! É preciso que as crianças e os jovens aprendam que livros são mundos pelos quais se fazem excursões deliciosas. Claro! Para isso é preciso que haja guias! Cuidado com os brinquedos: brinquedo é um objeto que desafia a nossa habilidade com as mãos ou com as ideias. Esses brinquedos de só apertar um botão para uma coisa acontecer são objetos emburrecedores – aperta um botão, a boneca canta; aperta outro botão, a boneca faz xixi; aperta um botão, o carro corre. Não fazem pensar. No momento em que a menina resolver fazer uma cirurgia na boneca para ver como a mágica acontece – nesse momento ela estará ficando inteligente. Quebra-cabeças: objetos maravilhosos que desenvolvem uma enorme variedade de funções lógicas e estéticas ao mesmo tempo. Armar quebra-cabeças à noite: uma excelente forma de terapia familiar e pedagogia: o pai ensinando ao filho os truques. Ferramentas: com elas as crianças desenvolvem habilidades manuais, aprendem física e experimentam o prazer de consertar ou fazer coisas. A quantidade de conhecimento de física mecânica que existe numa caixa de ferramentas é incalculável. A cozinha aberta a todos. A cozinha é um maravilhoso laboratório de química. Cozinhar educa a sensibilidade.

Você nunca havia pensado nisso, a relação entre a sua casa e a inteligência, a sua inteligência e a inteligência dos seus filhos. Sua casa pode ser emburrecedora. Ou pode ser um espaço fascinante onde os camundongos do professor Tsien repentinamente ficam inteligentes...

O IPÊ E A ESCOLA

O Manoel Moraes é meu amigo. Engenheiro por diploma, é amante da natureza por vocação. Grande devorador de livros, está sempre à procura de "conspiradores", isto é, pessoas que respiram o mesmo ar que ele. Faz uns dias ele me trouxe um artigo xerografado. Autor: Bruno Bettelheim. Bettelheim era um homem amorável e inteligente. Amava as crianças. Passou a vida pensando no que fazer para tornar as crianças mais felizes. O artigo tem o título "Os livros essenciais da nossa vida". Falou sobre os livros que tiveram um significado especial para ele. Fiquei feliz ao ver que ele citou Martin Buber. Feliz por saber que nós dois bebemos da mesma fonte. Buber também amava as crianças. Conta-se que, numa festa em que ele estava sendo homenageado, viu-se cercado por professores e filósofos que tentavam impressioná-lo, falando coisas profundas e complicadas. É sempre assim: todo mundo quer impressionar bem. Buber, cansado daquilo tudo, delicadamente interrompeu a conversa com um comentário: "Cada vez eu me sinto mais distante dos adultos e mais próximo das crianças...".

Eu me lembro perfeitamente bem da primeira vez que li Buber. Era de tarde, deitado numa rede, lá em Minas... À medida que eu lia, a alegria ia tomando conta de mim. Ficava alegre porque as palavras de Buber traziam luz ao meu mundo interior. Naquilo que ele dizia, eu me reconhecia.

Seu livro mais importante é *Eu-Tu*. Não seria aceito como tese em nossas universidades. Não tem notas de rodapé. Não cita fontes. Não enuncia teorias. Não explica o método. Curto demais para uma tese. Mas, como sabia Nietzsche, "pensamentos que chegam em pés de pombas guiam o mundo...".

Lendo *Eu-Tu* os meus olhos se abriram. Compreendi aquilo que eu vivia sem compreender. Eu quero contar a vocês o que eu vi.

Aqui o meu pensamento ficou paralisado. Não sabia como contar a vocês o que vi. Resolvi dar uma caminhada. E lá ia eu, absorto em meus pensamentos, quando, de repente, bem à minha frente, uma explosão de cores: a terra ejaculando flores – flores que estavam escondidas dentro dela! Um ipê-rosa florido! Já pensaram nisso? Que as flores são os pensamentos da terra? A terra pensa flores! Dentro dela, as flores ficam guardadas, dormindo, mergulhadas na escuridão. Mas, pela magia de uma árvore, os pensamentos da terra se oferecem aos nossos olhos sob a forma de flores! Dentro da terra estão todas as flores do mundo, à espera de árvores... A terra sonha ipês! As árvores são os psicanalistas da terra!

Aí descobri um jeito de explicar Martin Buber... Aquilo que aconteceu, aconteceu comigo. Só comigo. Tive vontade de abraçar aquela árvore, de comer as suas flores. Fiquei agradecido por ser a natureza coisa tão maravilhosa, sagrada! Mas sei que muitas pessoas já haviam passado, estavam passando e irão passar por aquele ipê sem se assombrar. Para elas, aquele ipê é apenas um objeto a mais, ao lado de postes, casas e carros. Já contei de uma mulher que odiava um manso e maravilhoso ipê-amarelo que havia diante de sua casa. Ela odiava o ipê porque suas flores sujavam o chão! Chão de ouro, coberto de flores amarelas, flores que deveriam ficar lá! Seria necessário tirar os sapatos dos pés para andar sobre elas! Mas aquela mulher não via com os olhos. Via com a vassoura. E uma vassoura dá sempre a mesma ordem: varrer, varrer! Tudo o que pode ser varrido é lixo! E ela, para se livrar do trabalho, envenenou o manso ipê. O ipê morreu. Não mais suja a calçada da mulher.

Agora, explico Buber. Para Buber, as coisas, as árvores, os bichos, as pessoas não são coisas, árvores, bichos e pessoas nelas mesmas. Elas são a partir da relação que estabelecemos com elas. Para a mulher da vassoura, o ipê-amarelo era um objeto inerte, sem mistério. Ela podia fazer com ele o que quisesse. Mas, para mim, os ipês são um assombro, beleza, alegria, revelação do mistério do universo.

Há um tipo de relação que transforma tudo em objetos mortos. Uma mulher se transforma em objeto para o homem que faz uso dela para ter prazer. Um homem se transforma em objeto para a mulher que o usa para obter *status* ou segurança. Uma criança se transforma em objeto quando seus pais a manipulam para realizar seus sonhos. Para um professor que só pensa no cumprimento do programa, todos os seus alunos são objetos. Para quem está atrás de milagres, Deus é um objeto que faz milagres. O eleitor é um objeto que o político usa para ganhar poder. Um doente, para o médico, pode ser apenas um "portador de uma doença". (Ah! Os professores e alunos, à volta de um doente sobre quem nada sabem, nem mesmo o nome, numa enfermaria de hospital! Ali não está um ser humano! Ali está um "caso" interessante...) Buber deu a esse tipo de relação o nome de "eu-isso". Tocadas pela relação eu-isso, todas as coisas, pessoas, animais, árvores, Deus, se transformam em coisas que uso para atingir os meus propósitos. Eu sou o centro do mundo. Tudo o que me cerca são utensílios que uso para os meus propósitos.

Quando, ao contrário, meus olhos estão abertos para o assombro e o mistério das coisas que me rodeiam, eu refreio minha mão. Não posso usá-los como se fossem ferramentas para os meus propósitos. São meus companheiros – não importa se um ipê florido, um cãozinho, um poema, uma criança que quer me vender dropes no semáforo... Buber deu o nome de "eu-tu" a essa relação.

Já falei que nossas escolas são planejadas à semelhança das linhas de montagem: as crianças são "objetos" a serem "formados" segundo normas que lhes são exteriores. Ao final, formadas, são objetos portadores de saberes, centenas, milhares, todos iguais. Pertencem ao mundo do eu-isso. Na relação eu-tu cada criança é única – por ser uma companheira na minha vida, companheira que nunca se repetirá, nunca haverá uma igual.

No mundo do eu-isso, uso o poder porque o que desejo é manipular o objeto. No mundo do eu-tu, o poder nunca é usado porque o que desejo é acolher, dentro de mim, o objeto à minha frente.

Escrevi tudo isso porque tenho estado pensando na magia da Escola da Ponte. Qual o seu segredo? Sua magia se encontrará, por acaso, nos seus princípios pedagógicos? Não. Definitivamente, não. Princípios, quaisquer que sejam, são normas gerais. Por isso eles pertencem ao mundo do eu-isso. Se tentássemos reduplicar a Escola da Ponte usando os mesmos princípios pedagógicos como receitas, apenas conseguiríamos construir uma linha de montagem mais gentil e, talvez, mais eficiente. Parece-me que o segredo da Escola da Ponte se encontra em outro lugar. Ele se encontra no mesmo lugar do ipê florido: o absoluto abandono do uso do poder e da manipulação. Imaginem uma escola onde não há um diretor. Todos os professores são diretores. Pela simples razão de não haver quem tome as decisões finais; onde "diretores" não usam nem querem usar do poder para fazer valer suas ideias. Onde as decisões são todas compartilhadas. Onde os professores não valem mais que as crianças. Onde os professores não dão ordens e as crianças obedecem. Sabedoria, disse Roland Barthes, é "nada de poder, uma pitada de saber e o máximo possível de sabor...".

Qual a receita? Não há receitas. Não há receitas para fazer o ipê florir. Não sei como o ipê floresce nem por que alguns têm flores rosa, outros têm flores amarelas e outros, flores brancas. Certo estava Ângelus Silésius: "A rosa não tem porquês; ela floresce porque floresce". Assim é a Escola da Ponte.

PICOLÉPOLIS

Era uma vez uma cidade chamada Picolépolis. Ela se chamava Picolépolis porque nela todos eram loucos por picolé. Era elegante andar pelas ruas chupando picolé. Nas festas serviam-se picolés. As pessoas educadas conversavam sobre os picolés. Os pais aconselhavam os seus filhos: "É preciso trabalhar muito para que nunca faltem picolés para os seus filhos". E, nas campanhas políticas, o picolé era sempre o tema mais discutido. Os candidatos faziam promessas de aumentar a produção de picolés e os partidos de esquerda prometiam medidas para democratizar o picolé.

Mas havia os pobres que não tinham dinheiro para comprar picolés, que eram coisa de gente rica. Em vez de picolés eles comiam cachorros-quentes. Comer cachorro-quente era marca de pertencer a uma classe social inferior.

Os picolés eram fornecidos por um empresário que tinha uma fábrica de picolés. Ele fabricava picolés brancos, amarelos, vermelhos e verdes. Os mais procurados e mais caros eram os picolés brancos. Só os ricos mesmo podiam chupar picolés brancos. A empresa do dito empresário produzia 50 picolés por dia. Mas como havia, diariamente, mais de 1.000 pessoas querendo chupar picolé, sempre sobravam mais que 950 pessoas insatisfeitas. Queriam chupar picolé e não podiam. Um outro empresário percebeu que ali se encontrava um mercado maravilhoso! Era lucro certo montar uma fábrica de picolés. Montou uma segunda fábrica de picolés. Mas ela também só tinha capacidade para produzir 50 picolés. Ficava uma população de mais de 900 pessoas sem chupar picolé. Um outro empresário pensou como o segundo e fez também sua fábrica de picolés, que também produzia 50 picolés. Vendo o que estava acontecendo, o primeiro empresário teve uma ideia de gênio: duplicar a produção de picolés. Sua fábrica, em vez de produzir picolés somente durante o dia, passou a produzir picolés também durante a noite. No que foi rapidamente imitado pelos outros. Mas como a população crescia, crescia também o número de pessoas frustradas por não haver picolés que chegassem para todos. Esse, portanto, era um mercado maravilhoso, inesgotável. Investir no mercado de picolés era lucro certo.

Troque "picolés" por "ensino superior" e você compreenderá a minha parábola. O sonho de todo pai e de toda mãe, com aspirações de ascensão social, era que o seu filho "tirasse diploma". Diploma era garantia de sobrevivência. Emprego certo. Mais do que isso: *status*. O orgulho da mãe que proclamava: "Meu filho vai tirar diploma de médico". Um diploma universitário passou a ser o desejo supremo dos pais para os seus filhos.

Mas entrar na universidade não é coisa fácil. Muitos são os que querem; poucos são os que conseguem. Os que não conseguem ficam olhando com inveja para seus amigos e companheiros que conseguiram.

Os resultados numéricos dos vestibulares revelam: 1) o tamanho do mercado; o total dos que se inscreveram: quantos querem chupar picolé; 2) o número dos que entraram: quantos picolés foram produzidos e consumidos; 3) a população frustrada, que não passou, que deseja um picolé a qualquer preço.

Essa população de insatisfeitos é um mercado com infinitas possibilidades. Quem investe nele tem ganho certo. A criação de faculdades e universidades se tornou, então, um dos negócios mais seguros do momento. Somente isso explica a proliferação de faculdades novas, e os sucessivos vestibulares, até no meio do ano. Se a demanda existe, nada mais racional, do ponto de vista comercial, que ampliar a oferta.

Mas as universidades não vendem picolés; vendem chaves. Picolés produzem prazer imediato. Eles são para ser chupados e gozados. Ao final, joga-se o pauzinho fora e compra-se outro. Mas "chaves" só têm sentido se abrem portas. As chaves que as universidades e faculdades produzem só são boas se abrem as portas do trabalho.

São milhares de diplomados com suas chaves na mão, mas, onde estão as portas? E, de repente, a dura realidade: muitos são os diplomados com chaves na mão, mas poucas são as portas. Os que ficam com chaves na mão sem portas para abrir não têm alternativa: terão de trabalhar em supermercados, *shoppings*, restaurantes, ou virar fabricantes de suco ou ficar desempregados. Uma noite, na cidade de Nova York, comecei a conversar com o motorista do táxi, e ele me disse que era um Ph.D. em física, pelo MIT.

São milhares os diplomados que anualmente são jogados no mercado com suas chaves: médicos, engenheiros, fonoaudiólogos, psicólogos, economistas, pedagogos, advogados, dentistas, jornalistas, biólogos, físicos, sociólogos, economistas, geógrafos. Nada irá resolver o problema da relação entre chaves e portas. Não se pode aumentar o número de portas como se aumenta o número de chaves. Uma vez sugeri que cada estudante cursando um curso universitário "nobre" deveria, ao mesmo tempo, aprender um ofício que seria oferecido pela própria universidade: marceneiro, jardineiro, serralheiro, mecânico, pedreiro, pintor... Acharam que era gozação minha. Não era. Continuo com a mesma ideia.

De tudo restam estas duas verdades: 1) fundar universidades e faculdades é uma opção econômica esperta e garantida; 2) muitos serão os que ficarão com as chaves na mão sem portas para abrir...

O CANTO DO GALO

Meu pensamento é um devorador de imagens. Quando uma boa imagem me aparece, eu rio de felicidade e o meu pensador se põe a brincar com ela como um menino brinca com uma bola. Se me disserem que esse hábito intelectual não é próprio de um filósofo, que filósofos devem se manter dentro dos limites de uma dieta austera de conccitos puros e sem temperos, invocarei em minha defesa Albert Camus, que dizia que "só se pensa através de imagens".

Amo as imagens mas elas me amedrontam. Imagens são entidades incontroláveis que frequentemente produzem associações que o autor não autorizou. Os conceitos, ao contrário, são bem comportados, pássaros engaiolados. As imagens são pássaros em voo... Daí o seu fascínio e o seu perigo.

Mas eu não consigo resistir à tentação. Assim, vai uma parábola que me apareceu, com todos os riscos que ela implica:

Era uma vez um granjeiro que criava galinhas. Era um granjeiro incomum, intelectual e progressista. Estudou administração para que sua granja funcionasse cientificamente. Não satisfeito, fez um doutorado em criação de galinhas. No curso de administração aprendeu que, num negócio, o essencial é a produtividade. O improdutivo dá prejuízo; deve, portanto, ser eliminado.

Aplicado à criação de galinhas, esse princípio se traduz assim: galinha que não bota ovo não vale a ração que come. Não pode ocupar espaço no galinheiro. Deve, portanto, ser transformada em cubinhos de caldo de galinha.

Com o propósito de garantir a qualidade total de sua granja, o granjeiro estabeleceu um rigoroso sistema de controle da produtividade das suas galinhas. Produtividade de galinhas é um conceito matemático que se obtém dividindo-se o número de ovos botados pela unidade de tempo escolhida. Galinhas cujo índice de produtividade fossem iguais ou superiores a 250 ovos por ano podiam continuar a viver na granja como galinhas poedeiras. O granjeiro estabeleceu, inclusive, um sistema de "mérito galináceo": as galinhas que botavam mais ovos recebiam mais ração. As galinhas que botavam menos ovos recebiam menos ração. As galinhas cujo índice de produtividade fosse igual ou inferior a 249 ovos por ano não tinham mérito algum e eram transformadas em cubinhos de caldo de galinha.

Acontece que conviviam, com as galinhas poedeiras, galináceos peculiares que se caracterizavam por um hábito curioso. A intervalos regulares e sem razão aparente, eles esticavam os pescoços, abriam os bicos e emitiam um ruído estridente e, ato contínuo, subiam nas costas das galinhas, seguravam-nas pelas cristas com o bico, e obrigavam-nas a se agachar. Consultados os relatórios de produtividade, verificou o granjeiro que isso era tudo o que os galos – esse era o nome daquelas aves – faziam. Ovos, mesmo, nunca, jamais, em toda a história da granja, qualquer deles havia botado. Lembrou-se o granjeiro, então, das lições que aprendera na escola, e ordenou que todos os galos fossem transformados em cubos de caldo de galinha.

As galinhas continuaram a botar ovos como sempre haviam botado: os números escritos nos relatórios não deixavam margens a dúvidas. Mas uma coisa estranha começou a acontecer. Antes, os ovos eram colocados em chocadeiras e, ao final de 21 dias, eles se quebravam e de dentro deles saíam pintinhos vivos. Agora, os ovos das mesmas galinhas, depois de 21 dias, não quebravam. Ficavam lá, inertes. Deles não saíam pintinhos. E se ali continuassem por muito tempo, estouravam e de dentro deles o que saía era um cheiro de coisa podre. Coisa morta.

Aí o granjeiro científico aprendeu duas coisas:

Primeiro: o que importa não é a quantidade dos ovos; o que importa é o que vai dentro deles. A forma dos ovos é enganosa. Muitos ovos lisinhos por fora são podres por dentro.

> Segundo: há coisas de valor superior aos ovos, que não podem ser medidas por meio de números. Coisas sem as quais os ovos são coisas mortas.

Essa parábola é sobre a universidade. As galinhas poedeiras são os docentes. Corrijo-me: docente não. Porque docente quer dizer "aquele que ensina". Mas o ensino é, precisamente, uma atividade que não pode ser traduzida em ovos; não pode ser expressa em termos numéricos. A designação correta é pesquisadores, isto é, aqueles que produzem artigos e os publicam em revistas internacionais indexadas. Artigos, como os ovos, podem ser contados e computados nas colunas certas dos relatórios. As revistas internacionais indexadas são os ninhos acreditados. Não basta botar ovos. É preciso botá-los nos ninhos acreditados. São os ninhos internacionais, em língua estrangeira, que dão aos ovos a sua dignidade e o seu valor. A comunidade dos produtores de artigos científicos não fala português. Fala inglês.

O resultado da pressão *publish or perish*, bote ovos ou sua cabeça será cortada: a docência termina por perder o sentido. Quem, numa universidade, só ensina, não vale nada. Os alunos passam a ser trambolhos para os pesquisadores: estes, em vez de se dedicarem à tarefa institucionalmente significativa de botar ovos, são obrigados pela presença de alunos a gastar o seu tempo numa tarefa irrelevante: ensino não pode ser quantificado (quem disser que o ensino se mede pelo número de horas-aula é um idiota).

O que está em jogo é uma questão de valores, uma decisão sobre as prioridades que devem ordenar a vida universitária: se a primeira prioridade é desenvolver, nos jovens, a capacidade de pensar, ou se é produzir artigos para atender à exigência da comunidade científica internacional de *publish or perish*.

Eu acho que o objetivo das escolas e universidades é contribuir para o bem-estar do povo. Por isso, sua tarefa mais importante é desenvolver, nos cidadãos, a capacidade de pensar. Porque é com o pensamento que se faz um povo. Mas isso não pode ser quantificado como se quantificam ovos botados. Sugiro que as nossas universidades, ao avaliarem a produtividade dos que trabalham nela, deem mais atenção ao canto do galo...

CARO PROFESSOR...

Caro professor: compreendo a sua situação. Você foi contratado para ensinar uma disciplina e você ganha para isso. A escolha do programa não foi sua. Foi imposta. Veio de cima. Talvez você tenha ideias diferentes. Mas isso é irrelevante. Você tem de ensinar o que lhe foi ordenado. Pelos resultados do seu ensino você será julgado – e disso depende o seu emprego. A avaliação do seu trabalho se faz por meio da avaliação do desempenho dos seus alunos. Se os seus alunos não aprenderem, sistematicamente, é porque você não tem competência.

O processo de avaliação dos alunos é curioso. Imagine uma pessoa que conheça uma série de ferramentas, a forma como são feitas, a forma como funcionam – mas não saiba para que servem. Os saberes que se ensinam nas escolas são ferramentas. Frequentemente os alunos dominam abstratamente os saberes, sem entretanto saber a sua relação com a vida. Como aconteceu com aquela aeromoça a quem perguntei o nome de um rio perto de Londrina, no norte do Paraná. Ela me respondeu: "Acho que é o São Francisco". Levei um susto. Pensei que tinha tomado o voo errado e estava chegando ao norte de Minas... Garanto que a moça, numa prova, responderia certo. Ela sabia onde o São Francisco se encontra, no mapa. Mas ela não aprendera a relação entre o símbolo e a realidade. É possível que os alunos acumulem montanhas de conhecimentos que os levarão a passar nos vestibulares, sem saber o seu uso. Como acontece com os "vasos comunicantes" que qualquer pedreiro sabe para que servem sem, entretanto, saber o nome. O pedreiro seria reprovado na avaliação escolar, mas construiria a casa no nível certo. Mas você não é culpado. Você é contratado para ensinar a disciplina.

Cada professor ensina uma disciplina diferente: física, química, matemática, geografia etc. Isso é parte da tendência que dominou o desenvolvimento da ciência: especialização, fragmentação. A ciência não conhece o todo, conhece as partes. Essa tendência teve consequências para a prática da medicina: o corpo como uma máquina formada por partes isoladas. Mas o corpo não é uma máquina formada por partes isoladas. (Kurt Goldstein escreveu um livro maravilhoso sobre o assunto, que deveria ser publicado em português:

O corpo.) Às vezes as escolas me fazem lembrar o Vaticano. O Vaticano, 400 anos depois, penitenciou-se sobre Galileu e está a ponto de fazer as pazes com Darwin. Os currículos, só agora, muito depois da hora, estão começando a falar de "interdisciplinaridade". "Interdisciplinaridade" é isto: uma maçã é, ao mesmo tempo, uma realidade matemática, física, química, biológica, alimentar, estética, cultural, mitológica, econômica, geográfica, erótica...

Mas o fato é que você é o professor de uma disciplina específica. Sai ano, entra ano, sai hora, entra hora, você ensina aquela disciplina. Mas você, um ser do dever, que tem de fazer de forma competente aquilo que lhe foi ordenado, a fim de sobreviver, faz o que deve fazer para passar na avaliação. A disciplina é o deus a que você e os alunos devem se submeter.

O pressuposto desse procedimento é que o saber é sempre uma coisa boa e que, mais cedo ou mais tarde, fará sentido. Especialmente os adolescentes, movidos pela inteligência da contestação, perguntam sobre o sentido daquilo que têm de aprender. Frequentemente os professores não sabem dar respostas convincentes. "Para que aprender o uso dessa ferramenta complicadíssima se não sei para que serve e não vou usá-la?". A única resposta é: "Tem de aprender porque cai no vestibular" – resposta que não convence por não ser inteligente mas simplesmente autoritária.

O que está pressuposto, em nossos currículos, é que o saber é sempre bom. Isso talvez seja verdade abstratamente.

Mas, nesse caso, teríamos de aprender tudo o que há para ser aprendido – o que é tarefa impossível. Quem acumula muito saber só prova um ponto: que é um idiota de memória boa. Não faz sentido aprender a arte de escalar montanhas nos desertos, nem a arte de fazer iglus nos trópicos. Abstratamente todos os saberes podem, eventualmente, ser úteis. Mas, na vida, a utilidade dos saberes se subordina às exigências práticas do viver. Como diz a Cecília, o mar é longo, a vida é curta.

Eu penso a educação ao contrário. Não começo com os saberes. Começo com a criança. Não julgo as crianças em função dos saberes. Julgo os saberes em função das crianças. É isso que distingue um educador. Os educadores olham primeiro para o aluno e depois para as disciplinas a serem ensinadas. Educadores não estão a serviço de saberes. Estão a serviço de seres humanos – crianças, adultos, velhos. Dizia Nietzsche: "Aquele que é um mestre, realmente um mestre, leva as coisas a sério – inclusive ele mesmo – somente em relação aos seus alunos" (Nietzsche, *Além do bem e do mal*).

* * *

Eu penso por meio de metáforas. Minhas ideias nascem da poesia. Descobri que o que penso sobre a educação está resumido num verso célebre de Fernando Pessoa: "Navegar é preciso. Viver não é preciso".

Navegação é ciência, conhecimento rigoroso. Para navegar, barcos são necessários. Barcos se fazem com ciência, física, números, técnica. A navegação, ela mesma, faz-se com ciência: mapas, bússolas, coordenadas, meteorologia. Para a ciência da navegação é necessária a inteligência instrumental, que decifra o segredo dos meios. Barcos, remos, velas e bússolas são meios.

Já o viver não é coisa precisa. Nunca se sabe ao certo. A vida não se faz com ciência. Faz-se com sapiência. É possível ter a ciência da construção de barcos e, ao mesmo tempo, o terror de navegar. A ciência da navegação não nos dá o fascínio dos mares e os sonhos de portos onde chegar. Conheço um erudito que tudo sabe sobre filosofia, sem que a filosofia tenha jamais tocado sua pele. A arte de viver não se faz com a inteligência instrumental. Ela se faz com a inteligência amorosa.

A palavra amor se tornou maldita entre os educadores que pensam a educação como ciência dos meios, ao lado de barcos, remos, velas e bússolas. Envergonham-se de que a educação seja coisa do amor – piegas. Mas o amor – Platão, Nietzsche e Freud o sabiam – nada tem de piegas. Amor marca o impreciso círculo de prazer que liga o corpo aos objetos. Sem o amor tudo nos seria indiferente – inclusive a ciência. Não teríamos sentido de direção, não teríamos prioridades. A ciência desconhece o amor – tem de desconhecer o amor, para ser ciência. Tem de ser assim para que ela seja a coisa eficaz que é. Mas a vida, toda ela, é feita com decisões e direções. E essas direções e decisões são determinadas pela relação amorosa com os objetos. Se assim não fosse, todas as comidas seriam indiferentes; todas as mulheres seriam iguais; seria o mesmo ficar com esse ou aquele homem; e as músicas, os quadros e os poemas teriam o mesmo "sem-gosto".

A inteligência instrumental precisa ser educada. Parte da educação é ensinar a pensar. Mas essa educação, sendo necessária, não é suficiente. Os meios não bastam para nos trazer prazer e alegria – que são o sentido da vida. Para isso é preciso que a sensibilidade seja educada. Fernando Pessoa fala, então, na educação da sensibilidade. Educação da sensibilidade: Marx, nos *Manuscritos de 1844*, diz que a tarefa da história, até agora, tem sido a de educar os sentidos: aprender os prazeres dos olhos, dos ouvidos, do nariz, da boca, da pele, do pensamento (ah! O prazer da leitura!). Se fôssemos animais, isso não seria necessário. Mas somos seres da cultura: inventamos objetos de prazer que não se encontram na natureza: a música, a pintura, a culinária, a arquitetura, os perfumes, os toques. No corpo de cada aluno se encontram, adormecidos, os sentidos. Como na estória da Bela Adormecida... É preciso despertá-los, para que sua capacidade de sentir prazer e alegria se expanda. Todos os objetos de prazer que foram dados pela natureza e acumulados pela cultura se encontram à sua disposição. Eles sentirão seu prazer e sua alegria se não tiverem sentidos castrados. Há, assim, uma outra tarefa para o professor, além do ensino abstrato das disciplinas: é preciso que ele se transforme num mestre de prazeres... Foi o que aconteceu com Roland Barthes, ao chegar ao fim da vida.

VOLTANDO A SER CRIANÇA...

Será que a loucura pode ser provocada por excesso de lucidez? Douglas R. Hofstadter, no seu livro *Gödel, Escher, Bach* (Prêmio Pulitzer), brinca com a ideia de um computador cujo *hardware* não é capaz de suportar o seu *software* e se desintegra ao tentar executá-lo. Talvez isso não possa acontecer com computadores mas possa acontecer com seres humanos: a estrutura física nervosa, não sendo capaz de suportar a riqueza da vida mental que nela existe, desintegra-se como um vaso se quebra por não conseguir conter a exuberância da fonte. Nietzsche tornou-se insano no início do ano de 1889, vindo a morrer 11 anos depois, no dia 25 de agosto de 1900, há mais de 100 anos, portanto. Seu corpo foi frágil demais para conter sua mente imensa.

Nietzsche é o filósofo que mais amo. Ele dizia só amar os livros escritos com sangue. Seus textos são escritos com sangue, sangue sob a forma de palavras. Bem que ele poderia dizer: "*Hoc est corpus meum*", isto é o meu corpo. Por isso eu o leio antropofagicamente. É impossível lê-lo e continuar o mesmo. Suas palavras não são para a cabeça; são para as entranhas. Eu o sinto circulando no meu corpo. E eu sei que isso é assim porque ao lê-lo me ponho a sorrir, sou possuído pela alegria, viro criança. O que está muito de acordo com as suas intenções.

Filósofo? "Sou um discípulo do filósofo Dionísio", confessou no prefácio de *Ecce Homo*. Mas Dionísio é tudo, menos filósofo. É o deus do vinho, do êxtase, da música que se apossa do corpo inteiro, por oposição a Apolo, que se contenta com o olhar distante. Um professor da universidade de Berlim, após ler os seus textos, e sem ter entendido coisa alguma, escreveu-lhe aconselhando-o a tentar um outro estilo: ninguém leria as coisas que ele escrevia. Mas o seu estilo, precisamente, é o essencial da sua filosofia. Nietzsche desejava ser músico. Tentou ser compositor. Não conseguiu. Incapaz de fazer música com sons, fez música com palavras. O que se constitui para os filósofos acadêmicos um problema sem solução, semelhante ao da quadratura do círculo. Pode-se representar um círculo por meio de quadrados? Pode-se comunicar a música da prosa nietzscheana por meio do estilo acadêmico, que só entende a letra da linguagem, sendo surdo para a sua música?

Filósofo? "Talvez eu seja apenas um bufão", ele observou. Ele se sabia um exilado, clandestino: "Assim, para fora da minha verdade-loucura eu mergulhei... Que eu seja exilado de toda a verdade! Somente um *tolo*! Somente um *poeta...*".

Sua filosofia nasceu da doença. É ele mesmo quem diz: "Somente a minha doença me levou à razão". Confissão que parece dar razão aos que não conseguem digeri-lo. E concluem: "Filosofia doente, portanto". Errado. Doença, a possibilidade da morte, conduz-nos aos pensamentos essenciais. "Tenho a lucidez de quem está para morrer", dizia Fernando Pessoa no "Tabacaria". E Nietzsche explica: "Eis como me aparece agora aquele longo período de doença: como se eu tivesse redescoberto a vida, inclusive a mim mesmo; eu provei todas as coisas, as boas e mesmo as pequenas, de uma forma como os outros não podem facilmente provar. Transformei, então, a minha vontade de saúde, minha vontade de viver, numa filosofia".

Nietzsche declarou que um dos seus grandes prazeres, ao lado das longas caminhadas, era a música de Schumann. Schumann era um especialista em miniaturas: *Cenas da infância, Cenas da floresta, Carnaval*: colagem de pequenas peças, cada uma completa em si mesma. Quem não conhece a *Träumerei*? Pois o seu estilo é igual ao de Schumann. O seu gosto pelos aforismos e textos curtos é expressão do seu horror aos sistemas que pretendem abarcar tudo. A busca de um sistema lhe parecia falta de integridade. *Assim falou Zaratustra* bem que poderia ter o título de "Cenas", talvez mesmo de "Carnaval", tendo o "monstro Dionisíaco chamado Zaratustra" como bufão central.

Zaratustra, seu herói, é uma encarnação plástica do que ele desejava ser. Descendo das montanhas onde passara dez anos de solidão, Zaratustra se encontra com um eremita que vivia numa floresta e por quem passara dez anos antes, quando subia. O eremita se espanta: "Sim, reconheço Zaratustra", ele diz. "Seus olhos são puros, em sua boca não se esconde nenhum desgosto. E não anda ele como um dançarino? Zaratustra mudou, Zaratustra se tornou uma criança. Zaratustra ficou iluminado".

"Anuncio o *Übermensch*", ele proclama. "Super-homem": traíram os tradutores. Nada mais distante do espírito de Nietzsche. Um homem "super" é apenas um homem com suas qualidades hipertrofiadas, a mesma mediocridade tornada "super". O *über*, em Nietzsche, corresponde ao nosso "trans", como em transbordar. "As cisternas contêm; as fontes transbordam", dizia William Blake, o Nietzsche inglês. Nietzsche não sonhava com tamanhos; sonhava com metamorfoses: é preciso que as cisternas se transformem em fontes! A exuberância não pode ser contida. E assim traduzo eu o *Übermensch* de Nietzsche como o "homem transbordante". E quem é esse "homem transbordante" que ele anuncia? Está lá, na sua curta e poética "fenomenologia do espírito" a que ele deu o nome de "metamorfoses do espírito". Primeiro momento: o homem é um camelo, animal reverente, que se ajoelha diante de uma vontade estranha que coloca cargas em suas costas. Sua palavra: "obedeço". Segundo momento, primeira metamorfose: o camelo se transforma em leão, o animal de força e vontade, cuja palavra é "eu quero!". O leão se defronta com um dragão que tem o corpo coberto com escamas douradas. Em cada uma delas está gravado "tu deves". O leão luta com o dragão e o mata. Chega, finalmente, o terceiro momento, a última metamorfose, o ponto de chegada: o leão se transforma numa criança. Porque uma criança é exuberância, transbordamento de vida, brinquedo que não acaba. Mais tarde ele irá dizer que "o máximo de maturidade que um homem pode atingir é quando ele tem a seriedade que têm as crianças quando brincam".

Suas cenas, como em Schumann, poderiam ter o nome de "cenas da infância" – variações musicais sobre o tema "criança". O que Nietzsche deseja é nos seduzir a nos tornarmos crianças – para brincar com ele...

UM DISCRETO BATER DE ASAS DE ANJOS...

O Victor é um adolescente. Arranjou um emprego no McDonald's. No McDonald's trabalham adolescentes. Antes de iniciar o trabalho, eles são treinados. São treinados, primeiro, a cuidar do espaço em que trabalham: a ordem, a limpeza, os materiais – guardanapos, canudinhos, temperos, bandejas. É preciso não desperdiçar. Depois, são treinados a lidar com os clientes. Delicadeza. Atenção. Simpatia. Sorrisos. Boa vontade. Clientes não devem ser contrariados. Têm que se sentir em casa. Têm que sair satisfeitos. Se saírem contrariados, não voltarão. O Victor aprendeu bem as lições: começou o seu trabalho. Mas logo descobriu uma coisa que não estava de acordo com o aprendido: os adolescentes, fregueses, não cuidavam das coisas como eles, empregados, cuidavam. Tiravam punhados de canudinhos para brincar. Usavam mais guardanapos do que o necessário. Punham as bandejas dentro do lixo. Aí o Victor não conseguiu se comportar de acordo com as regras. Se ele e os seus colegas de trabalho obedeciam às regras, por que os clientes não deveriam obedecê-las? Por que sorrir e ser delicado com fregueses que não respeitavam as regras de educação e civilidade? E ficou claro para todo mundo, colegas e clientes, que o Victor não estava seguindo as lições... O chefe chamou o Victor. Lembrou-lhe o que lhe havia sido ensinado. O Victor não cedeu. Argumentou. Disse de forma clara o que estava sentindo. O que ele desejava era coerência. Aquela condescendência sorridente era uma má política educativa. Era injustiça. Os seus colegas de trabalho sentiam e pensavam o mesmo que ele. Mas eram mais flexíveis... Não reclamavam. Engoliam o comportamento não educado dos clientes-adolescentes com o sorriso prescrito. E o chefe, sorrindo, acabou por dar razão ao Victor. Qual a diferença que havia entre o Victor e os seus colegas? O Victor tem síndrome de Down.

O Edmar é um adolescente. Calado. Quase não fala. Arranjou um emprego como lavador de automóveis num lava-rápido. Emprego bom para ele porque não é necessário falar enquanto se lava um carro. Mas, de repente, sem nenhuma explicação, o Edmar passou a se recusar a trabalhar. Ficava quieto num canto sem dar explicações. O

Edmar, como o Victor, tem síndrome de Down. A "Fundação Síndrome de Down", que havia arranjado o emprego para o Edmar, foi informada do que estava acontecendo. Que tristeza! Um bom emprego – e parece que o Edmar ia jogar tudo fora. O caminho mais fácil seria simplesmente dizer: "Pena. Fracassamos. Não deu certo. Pessoas com síndrome de Down são assim...". Mas a equipe encarregada da inclusão não aceitou essa solução. Tinha que haver uma razão para o estranho comportamento do Edmar. E como ele é calado e não explica as razões do que faz, uma das pessoas da equipe se empregou como lavadora de carros, no lava-rápido onde o Edmar trabalhava. E foi lá, ao lado do Edmar, que ela descobriu o nó da questão: o Edmar odiava o "pretinho" – aquele líquido que é usado nos pneus. Odiava porque o tal líquido grudava na mão, não havia jeito de lavar, e a mão ficava preta e feia. O Edmar não gostava que sua mão ficasse preta e feia. Todos os outros lavadores – sem síndrome de Down – sentiam o mesmo que o Edmar sentia – também eles não gostavam de ver suas mãos pretas e sujas. Não gostavam mas não reclamavam. A solução? Despedir o Edmar? De jeito nenhum! A "lavadora" pôs-se a campo, numa pesquisa: haverá um outro líquido que produza o mesmo resultado nos pneus e que não seja preto? Descobriu. Havia. E assim o Edmar voltou a realizar alegremente o seu trabalho com as mãos brancas. E, graças a ele, e ao trabalho da "lavadora", todos os outros puderam ter mãos limpas ao fim do dia de trabalho.

Essa é uma surpreendente característica daqueles que têm síndrome de Down: não aceitam aquilo que contraria o seu desejo e suas convicções. O Victor desejava coerência. Não iria engolir o comportamento não civilizado de ninguém. O Edmar queria ter suas mãos limpas. Não iria fazer uma coisa que sujasse suas mãos. Quem tem síndrome de Down não consegue ser desonesto. Não consegue mentir. E é por isso que os adultos se sentem embaraçados pelo seu comportamento. Porque os adultos sabem fazer o jogo da mentira e do fingimento. Um adulto recebe um presente de aniversário que julga feio. Aí, com o presente feio nas mãos, ele olha para o presenteador e diz, sorridente: "Mas que lindo!". Quem me contou foi o Elba Mantovanelli: ele deu um presente para a Andréa. Mas aquele presente não era o que ela queria! Ela não fingiu nem se atrapalhou. Só disse, com um sorriso: "Vou dar o seu presente para o Fulano. Ele vai gostar...".

As crianças normais, na escola, aprendem que elas têm que engolir jilós, mandioca crua e pedaços de nabo: coisas que não fazem sentido. Aprendem o que é "dígrafo", "próclise", "ênclise", "mesóclise", os "usos da partícula *se*"... Você ainda se lembra? Esqueceu? Mas teve de estudar e responder certo na prova. Esqueceu por quê? Porque não fazia sentido.

Fazer sentido: o que é isso? É simples. O corpo – sábio – carrega duas caixas na inteligência: a caixa de ferramentas e a caixa de brinquedos. Na caixa de ferramentas estão coisas que podem ser usadas. Não todas, evidentemente. Caso contrário a caixa teria o tamanho de um estádio de futebol. Seria pesada demais para ser carregada. Se vou cozinhar, na minha caixa de ferramentas deverão estar coisas necessárias para cozinhar. Mas não precisarei de machados e guindastes. Na outra caixa, de brinquedos, estão todas as coisas que dão prazer: pipas, flautas, estórias, piadas, jogos, brincadeiras, beijos, caquis... Se a coisa ensinada nem é ferramenta nem é brinquedo, o corpo diz que não serve para nada. Não aprende. Esquece. As crianças "normais", havendo compreendido que os professores e diretores são mais fortes que elas, por terem o poder de reprovar, submetem-se. Engolem os jilós, as mandiocas cruas e os pedaços de nabo, porque terão de devolvê-los nas provas. Mas logo os vomitam pelo esquecimento. Não foi assim que aconteceu conosco? As crianças e os adolescentes com síndrome de Down simplesmente se recusam a aprender. Elas só aprendem aquilo que é expressão do seu desejo. Entrei numa sala, na "Fundação Síndrome de Down". Todos estavam concentradíssimos equacionando os elementos necessários para a produção de um cachorro-quente. Certamente estavam planejando alguma festa... Numa folha estavam listados: salsicha, pão, vinagrete, mostarda... Entrei no jogo. "Esse cachorro-quente de vocês não é de nada. Está faltando a coisa mais importante!". Eles me olharam espantados. Teriam se esquecido de algo? Seu cachorro-quente estaria incompleto? Acrescentei: "Falta a pimenta!".

Aí seus rostos se abriram num sorriso triunfante. Viraram a folha e me mostraram o que estava escrito na segunda folha: "pimenta".

Aí, vocês adultos vão dizer: "Que coisa mais boba estudar um cachorro-quente!". Respondo que bobo mesmo é estudar dígrafo, usos da partícula *se*, os afluentes da margem esquerda do Amazonas e assistir ao "Show do Milhão". Um cachorro-quente, um prato de comida, uma sopa: que maravilhosos objetos de estudo. Já pensaram que num cachorro-quente se encontra todo um mundo? Querem que eu explique? Não explicarei. Vocês, que se dizem normais e inteligentes, que tratem de pensar e concluir.

A sabedoria das crianças e dos adolescentes com síndrome de Down diz: "Dignas de serem sabidas são aquelas coisas que fazem sentido, que têm a ver com a minha vida e os meus desejos!". Mas isso é sabedoria para todo mundo, sabedoria fundamental que se encontra nas crianças e que vai sendo progressivamente perdida à medida que crescemos.

E há o caso delicioso do Nilson, que foi eleito "funcionário do mês" no McDonald's. E não o foi por condescendência, colher de chá... Foi por mérito. O Nilson é um elemento conciliador, amigo, que espalha amizade por onde quer que ande... Todos gostam dele e o querem como companheiro.

É preciso devolver as pessoas com síndrome de Down à vida comum de todos nós. Nós todos habitamos um mesmo mundo. Somos companheiros. É estúpido e injusto segregá-las em espaços e situações fechados. Claro que vocês já leram a estória da Cinderela – também conhecida como "Gata Borralheira". Sua madrasta a havia segregado no "borralho". Não podia frequentar a sala. Todas as estórias são respostas a situações reais. Pois eu acho que, na vida real, a "Gata Borralheira" era uma adolescente com síndrome de Down de quem mãe e irmãs se envergonhavam. Mas a estória dá uma reviravolta e mostra que ela tinha uma beleza que a madrasta e as irmãs não possuíam. E eu sugiro que sua beleza está nessa inteligência infantil, absolutamente honesta, absolutamente comprometida com o desejo que nós, adultos, perdemos ao nos submetermos ao jogo das hipocrisias sociais.

Quem quiser saber mais poderá visitar a "Fundação Síndrome de Down", em Barão Geraldo. É uma instituição maravilhosa! E digo que me comovi ao observar o carinho, a inteligência e a persistência daqueles que lá trabalham. E andando pelos seus corredores e salas, de repente senti que havia lágrimas nos meus olhos: lembrei-me do Guido Ivan de Carvalho, que foi um dos seus idealizadores e construtores, juntamente com a Lenir, sua esposa. O Guido não está mais lá. Ficou encantado... Sugeri à Lenir que plantasse, para o Guido, uma árvore, no jardim da Fundação. Se vocês não sabem, na estória original da Cinderela não havia Fada-Madrinha. Quem protegia a Cinderela era a sua mãe morta, que continuava a viver sob a forma de uma árvore...

Pensando naquelas crianças e naqueles adolescentes lembrei-me de uma afirmação do apóstolo Paulo: "Deus escolheu as coisas tolas deste mundo para confundir os sábios – porque a loucura de Deus é mais sábia que a sabedoria dos homens...". Quem sabe será possível ouvir, naqueles rostos sorridentes, um discreto bater de asas de anjos?

Quando estive em Portugal, no ano passado, descobri, na Vila das Aves, a Escola da Ponte. Contei sobre ela no livro *A escola com que sempre sonhei sem imaginar que pudesse existir*, publicado pela Papirus. Pois uma das coisas que me surpreenderam naquela escola foi ver crianças com síndrome de Down integradas com as outras crianças: eram suas companheiras, iguais a elas, sem que ninguém as tratasse como casos especiais. Retornei à Escola da Ponte, faz uns meses, com um grupo de educadores brasileiros. E eu andava distraído pelo jardim da escola quando ouvi um grito: "Rubem". Era o André, um deles... Maior e mais forte do que eu, correu para mim e me deu um abraço que me levantou do chão... O André se especializou em computadores e criou uma *homepage* por meio da qual se comunica com o mundo! Pois o professor José Pacheco, homem de fala mansa, que não gosta de ser chamado de "diretor" da Escola da Ponte, está chegando a Campinas, a convite da "Fundação Síndrome de Down". Tem tudo a ver! O que é bom para as crianças ditas "normais" é bom para as crianças com síndrome de Down!

"QUE VONTADE DE CHORAR..."

Era uma manhã fresca e transparente de primavera. Parei o carro na luz vermelha do semáforo. Olhei para o lado – e lá estava ela, menina, dez anos, não mais. Seu rosto era redondo, corado e sorria para mim. "O senhor compra um pacotinho de balas de goma? Faz tempo que o senhor não compra...". Sorri para ela, dei-lhe uma nota de um real e ela me deu o pacotinho de balas. Ela ficou feliz. Aí a luz ficou verde e eu acelerei o carro – não queria que ela percebesse que meus olhos tinham ficado repentinamente úmidos.

Quando eu era menino, lá na roça, havia uma mata fechada. Os grandes, malvados, para me fazer sofrer, diziam que na mata morava um menino como eu. "Quer ver?", eles perguntavam. E gritavam: "Ô, menino!". E da mata vinha uma voz: "Ô, menino!". Eu não sabia que era um eco. E acreditava. Nas noites frias, na cama, eu sofria, pensando no menino, sozinho, na mata escura. Onde estaria dormindo? Teria cobertores? Seus pais, onde estariam? Será que eles o haviam abandonado? É possível que os pais abandonem os filhos?

Sim, é possível. João e Maria, abandonados sozinhos na floresta. Seus pais os deixaram lá para serem devorados pelas feras. Diz a estória que eles fizeram isso porque já não tinham mais comida para eles mesmos. Será que os pais, por não terem o que comer, abandonam os filhos? Será por isso que as crianças são vistas frequentemente na floresta vendendo balas de goma? Será que havia balas de goma na cesta que Chapeuzinho Vermelho levava para a avó? Será que a mãe de Chapeuzinho queria que ela fosse devorada pelo lobo? Essa é a única explicação para o fato de que ela, mãe, enviou a menina sozinha numa floresta onde um lobo estava à espera.

Num dos contos de Andersen, uma menininha vendia fósforos de noite na rua (se fosse aqui, estaria num semáforo), enquanto a neve caía. Mas ninguém comprava. Ninguém estava precisando de fósforos. Por que uma menininha estaria vendendo fósforos numa noite fria? Não deveria estar em casa, com os pais? Talvez não tivesse pais. Fico a pensar nas razões que teriam levado Andersen a escolher caixas de fósforos como a coisa que a menininha estava a vender, sem que ninguém comprasse. Acho que é porque uma caixa de fósforos simboliza calor. Dentro de uma caixa de fósforos estão, sob a forma de sonhos, um fogão aceso, uma panela de sopa, um quarto aquecido... Ao pedir que lhe comprassem uma caixa de fósforos numa noite fria a menininha estava pedindo que lhe dessem um lar aquecido. Lar é um lugar quente. Pois, se você não sabe, consulte o *Aurélio*. E ele vai lhe dizer que o primeiro sentido de "lar" é "o lugar da cozinha onde se acende o fogo". De manhã a menininha estava morta na neve, com a caixa de fósforos na mão. Fria. Não encontrou um lar.

Um supermercado é uma celebração de abundância. No estacionamento, as famílias enchem os porta-malas dos seus carros com coisas boas de comer. "Graças a Deus!", elas dizem. Do lado de fora, os famintos, que os guardas não deixam entrar. Se entrassem no estacionamento, a celebração seria perturbada. "Dona, me dá uns trocados?". O menino estava do lado de fora. Rosto encostado na grade, o braço esticado para dentro do espaço proibido, na direção da mulher. A mulher tirou um real da bolsa e lhe deu. Mas esse gesto não a tranquilizou. Queria saber um pouco mais sobre o menino. Puxou prosa. "Para que você quer o dinheiro?", perguntou. "Pra voltar pra onde eu durmo". "E onde é a sua casa?". "Não vou voltar pra casa. Eu não moro em casa. Eu durmo na rua. Fugi da minha casa por causa do meu pai...".

Em muitas estórias, o pai é pintado como um gigante horrendo que devora as crianças. Na estória do "João e o pé de feijão", ele é um ogro que mora longe, muito alto, nas nuvens, onde goza sozinho os prazeres da galinha dos ovos de ouro e da harpa encantada. Mãe e filho, lá embaixo, morrem de fome. Por vezes as crianças estão mais abandonadas com os pais que longe deles. Como aconteceu com a Gata Borralheira. Seu lar estava longe da mãe-madrasta e das irmãs: como uma gata, o borralho do fogão era o único lugar onde encontrava calor.

E comecei a pensar nas crianças que, para comer, fazem ponto nos semáforos, vendendo balas de goma, chocolate Bis, biju. Ou distribuindo folhetos... Ah! Os inúteis folhetos que ninguém lê e ninguém quer e que serão amassados e jogados fora. O impulso é fechar o vidro e olhar para a criança com olhar indiferente – como se ela não existisse. Mas eu não aguento. Imagino o sofrimento da criança. Abro o vidro, recebo o papel, agradeço e ainda pergunto o nome. Depois, discretamente, amasso o papel e ponho no lixinho...

E há também os adolescentes que querem limpar o para-brisa do carro por uma moeda. Já sou amigo da "turma" que trabalha no cruzamento da avenida Brasil com a avenida Orosimbo Maia. Um deles, o Pelé, tem inteligência e humor para ser um "relações-públicas"...

Lembro-me de um menino que encontrei no aeroporto de Guarapuava. No seu rosto, mistura de timidez e esperança. "O senhor compra um salgadinho para me ajudar?". Ficamos amigos e depois descobrimos que a mulher para quem ele vendia os salgadinhos o enganava na hora do pagamento...

Um outro, no aeroporto de Viracopos, era engraxate. O pai sofrera um acidente e não podia trabalhar. Tinha que ganhar R$ 20,00. Mas só podia trabalhar enquanto o engraxate adulto, de cadeira cativa, não chegava. Tinha, portanto, que trabalhar rápido. Tivemos uma longa conversa sobre a vida que me deixou encantado com seu caráter e sua inteligência – a ponto de ele delicadamente me repreender por um juízo descuidado que emiti, pelo que me desculpei.

E me lembrei das meninas e dos meninos ainda mais abandonados que nada têm para vender e que, à noitinha, nos semáforos (onde serão suas casas?), pedem uma moedinha...

Houve uma autoridade que determinou que as crianças fossem retiradas da rua e devolvidas aos seus lares. Ela não sabia que, se as crianças estão nas ruas, é porque as ruas são o seu lar. Nos semáforos, de vez em quando, elas encontram olhares amigos.

Os especialistas no assunto já me disseram que não se deve ajudar pessoas nos semáforos, pois isso é incentivar a malandragem e a mendicância. Mas me diga: o que vou dizer àquela criança que me olha e pede: "Compre, por favor...".? Vou lhe dizer que já contribuo para uma instituição legalmente credenciada? Diga-me: o que é que eu faço com o olhar dela?

Minhas divagações me fizeram voltar a *Os irmãos Karamazov*, de Dostoievski. Um dos seus trechos mais pungentes é uma descrição que faz Ivan, ateu, a seu irmão Alioscha, monge, da crueldade de um pai e uma mãe para com a sua filhinha.

Espancavam-na, chicoteavam-na, espisoteavam-na, sem mesmo saber por que o faziam. O pobre corpinho vivia coberto de equimoses. Chegaram depois aos requintes supremos: durante um frio glacial, encerraram-na a noite inteira na privada sob o pretexto de que a pequena não pedia para se levantar à noite (como se uma criança de cinco anos, dormindo o seu sono de anjo, pudesse sempre pedir a tempo para sair!). Como castigo, maculavam-lhe o rosto com os próprios excrementos e a obrigavam a comê-los. E era a mãe que fazia isso – a mãe! Imagina essa criaturinha, incapaz de compreender o que lhe acontecia, e que no frio, na escuridão e no mau cheiro, bate com os punhos minúsculos no peito, e chora lágrimas de sangue, inocentes e mansas, pedindo a "Deus que a acuda". Todo o universo do conhecimento não vale o pranto dessa criança suplicando a ajuda de Deus.

Num parágrafo mais tranquilo, o *staretz* Zossima medita:

Passas por uma criancinha: passas irritado, com más palavras na boca, a alma cheia de cólera; talvez tu próprio não avistasses aquela criança; mas ela te viu, e quem sabe se tua imagem ímpia e feia não se gravou no seu coração indefeso! Talvez o ignores, mas quem sabe se já disseminaste na sua alminha uma semente má que germinará! Meus amigos: pedi a Deus alegria! Sede alegres com as crianças, como os pássaros do céu.

Quando essas imagens começaram a aparecer na minha imaginação, comecei a ouvir (essas músicas que ficam tocando, tocando, na cabeça...), sem que a tivesse chamado, a canção "Gente humilde", letra do Vinicius, música do Chico. "Tem certos dias em que eu penso em minha gente e sinto assim todo o meu peito se apertar...". Pelo meio, o Vinicius conta da sua comoção ao ver as "casas simples com cadeiras na calçada e na fachada escrito em cima que é um lar". Termina, então, dizendo: "E aí me dá uma tristeza no meu peito feito um despeito de eu não ter como lutar. E eu que não creio peço a Deus por minha gente. É gente humilde. Que vontade de chorar".

Se fosse hoje, o Vinicius não teria vontade de chorar. Ele riria de felicidade ao ver as cadeiras nas calçadas e as fachadas escrito em cima que é um lar... Vontade de chorar ele teria vendo essa multidão de crianças abandonadas, entregues ou à indiferença ou à maldade dos adultos: "E aí me dá uma tristeza no meu peito feito um despeito de eu não saber como lutar...". Só me restam meu inútil sorriso, minhas inúteis palavras, meu inútil real por um pacotinho de balas de goma...

"O SENHOR COMPRA UM SALGADINHO PARA ME AJUDAR?"

Não é certo falar de "inteligência", no singular: "Fulano é inteligente", "Beltrano não é inteligente", "O filho da Kátia é inteligente, o meu filho não é inteligente (na escola, o filho da Kátia sempre tira notas melhores que o meu filho...)".

O certo é falar no plural: "inteligências" – porque elas são muitas e diferentes.

Inteligências são sementes que se encontram no nosso corpo, por puro acidente genético. E a genética é prova de que os deuses ou equivalentes não são democráticos. As inteligências não são distribuídas de maneira igual. Veja, por exemplo, o caso extremo de Leonardo da Vinci, que era pintor, escultor, engenheiro, urbanista, inventor, fabricante de instrumentos musicais, filósofo. Se ele tivesse nascido aqui no Brasil seu destino teria sido outro. Seus pais, movidos pelas melhores intenções, o teriam colocado numa escola "forte" (é provável que ele até tivesse aprendido alemão), ele teria passado no vestibular e teria se tornado um engenheiro bem-sucedido. Imaginem agora que o Da Vinci, do jeito como ele foi, vivendo entre nós, desempregado, tivesse enviado seu *curriculum vitae* para uma série de empresas. Ao ler que o tal pretendente se dizia pintor, escultor, engenheiro, urbanista, inventor, fabricante de instrumentos musicais, filósofo, o pessoal dos recursos humanos teria logo jogado no lixo o seu currículo. O tal "Da Vinci" só podia ser um doido.

Vai aqui uma digressão instrutiva, a propósito do "Da Vinci". Faz anos a IBM fez em Campinas uma exposição sobre ele – tendo inclusive produzido um lindo vídeo que possuo graças a um amigo que o furtou para me dar, posto que eu não me encontrava na lista de pessoas importantes a serem convidadas. (Sobre o furto, que é, sem dúvida, um pecado, uma quebra de um mandamento, aconselho o leitor a não perder o filme *Regras da vida*.) Sugiro que a IBM faça mais cópias e as distribua pelas escolas do Brasil como contribuição à educação da inteligência de alunos e professores. Pois me relataram que o convite para a exposição era sob a forma de carta, o próprio Da Vinci convidando. Começava assim: "Eu, Leonardo... etc.". Pois não é que uma das pessoas importantes e escolarizadas que se encontravam na lista, respondendo à carta-convite para justificar sua ausência, começou sua missiva (só podia ser missiva) da seguinte forma: "Prezado senhor Leonardo...". É: a inteligência não é distribuída democraticamente. Fim da digressão.

As sementes são um potencial de vida que precisa ser semeado para vir para fora. Se não for semeado, o potencial morre. Acontece o mesmo com a inteligência. Se ela não for semeada, permanece semente para sempre, sem nunca brotar.

Fui convidado para fazer uma fala em Faxinal do Céu. Sabia de uma outra cidade chamada Faxinal, no Paraná. Meu filho, quando estudava medicina em Londrina, dava plantões em Faxinal. Achava o nome esquisito. Para mim, Faxinal só pode ser um lugar onde se faz faxina. Fui consultar o *Aurélio*, que às vezes ajuda os que querem saber os sentidos das palavras e frequentemente atrapalha os que querem fazer literatura. Estava lá: "Faxinal: lenha miúda, gravetos". Pude ouvir a ordem de alguma mãe: "Menino, vai buscar lenha no faxinal senão a janta não sai...". Não consegui achar Faxinal do Céu no mapa. Mas, como eu já estava comprometido e as passagens compradas, fui. Viracopos-Guarulhos-Curitiba-Guarapuava. De Curitiba para Guarapuava é um aviãozinho, a gente vai conversando com o piloto. O aeroporto é pequeno. Descemos, umas seis pessoas. Na porta de saída, um menino louro, de uns dez anos. Havia um discreto sorriso no seu rosto, mistura de timidez e esperança. Tinha uma caixa de isopor sobre a barriga, pendurada no pescoço. "O senhor compra um salgadinho para me ajudar?" – ele disse, com voz baixa. "Compro" – eu disse. "Quanto custa?" – perguntei. "Cinquenta centavos". Dei um real e disse para ele guardar o troco. Ele sorriu feliz. Aí comecei uma conversa. "O que é que você mais gosta de fazer?". Pensei que ele iria dizer brincar, jogar futebol, pescar. A resposta me surpreendeu: "O que eu mais gosto de fazer é vender esses salgadinhos que a minha mãe faz e estudar". Aí o motorista do carro que me levaria a Faxinal do Céu me chamou, eu acenei para o menino e me fui.

Preciso dizer o que foi que eu encontrei em Faxinal do Céu, lugar inexistente no mapa, pois sei que vocês, leitores, devem estar curiosos. Foi o motorista que começou a me explicar: "Não é cidade, não. Faz muitos anos uma empreiteira que iria fazer uma hidrelétrica construiu um acampamento para seus empregados. Mais de mil. Terminada a construção, o acampamento ficou abandonado. É lá...". Estávamos chegando. Era noite. Contra a pouca luz do céu se podiam ver as silhuetas de milhares de araucárias. Meu coração se encheu de alegria. Amo as araucárias. A loucura dos homens do progresso que devastaram o Paraná por causa da riqueza não havia percebido aquelas. Aí fui entrando. Era um lugar maravilhoso. O governador Jaime Lerner sonhara com uma "Universidade do Professor" – um lugar onde os professores poderiam se reunir para conversar sobre o ensino, as crianças, as coisas que estavam erradas, as coisas que estavam certas, as coisas que podiam ser mudadas. Pois vendo aquele lugar abandonado, ele decidiu: "A Universidade do Professor vai ser aqui...". E foi assim que nasceu um lugar maravilhoso, paradisíaco. Um dos hortos mais maravilhosos que jamais vi, nascido do trabalho do Mário Antônio Virmond Torres, engenheiro florestal, amante e conhecedor das árvores mais incríveis. Eu me senti importante quando lhe falei sobre uma espécie de folhagem que ele não conhecia, e que tenho em Pocinhos (trouxe muda do sul do Chile: a *Gunnera manicata*). A "Universidade do Professor" é um local paradisíaco, árvores, flores, matas, riachos, lagos, animais, gramados, com amplas acomodações gostosas para os professores. Nem sei quantos havia lá, de todo o Brasil: 800? mil? Fiquei feliz. Quero voltar.

Cheguei ao aeroporto de Guarapuava às 7h30 da manhã, para a volta. Lá estava o menininho com sua caixa de isopor. Mesmo sorriso, mesma roupa, sandálias havaianas. "O senhor compra um salgadinho para me ajudar?". "Claro!" – respondi. "Espera só um pouquinho. Vou despachar as malas...". Fui e voltei. "Que salgadinhos você tem?". "Pastéis de carne. Minha mãe faz...". "Outros irmãos?". "Três" – ele respondeu. "Pra cima ou pra baixo?". "Pra baixo...". "E a mãe?" – perguntei. "Não pode trabalhar. Sofre do coração. Desmaia". "E o pai?". "Está desempregado" – ele respondeu com o mesmo sorriso, sem se lamentar.

Olhei pro menino e vi milhares de meninos como ele, com aquele sorriso onde brilha uma impossível esperança, perdidos por esse Brasil sem fim, e me veio uma vontade de chorar (como estou agora). Saí para o lado para ele não perceber. Engoli o nó no *gargomi*. (O *Aurélio*, que pensa saber tudo, ignora essa palavra. Não sabe que o nó do choro se dá, precisamente, no *gargomi*.) Pensei nele como uma criança que tem o direito de ser feliz. Que tem o direito de ver florescer as inteligências que moram nele como sementes. Pensei, como educador, nas inteligências perdidas – milhares, milhões de sementes que nunca serão plantadas, inteligências que nunca verão o mundo, que nunca brincarão com as coisas. E, no entanto, elas estão lá, nas crianças.

Aí a minha vontade de chorar se misturou com uma raiva sem fim desses criminosos que, democraticamente, valendo-se da estupidez do povo, se apossaram do poder – "elementos" que não têm olhos nem coração para ver e sentir a beleza e a tristeza dessas crianças. Já disse que não acredito em inferno. Bachelard comenta que, para se acreditar no inferno, há de se ter muitas vinganças a realizar. De acordo. Mas agora eu tenho vinganças a realizar. Quero criar um inferno só para eles. Não por toda a eternidade. Somente até o momento em que eles, ao verem os seus rostos refletidos no espelho, começarem a vomitar de asco de si mesmos. Depois de se vomitarem pelo tempo da vida de uma criança, eles olharão para mim e me farão um pedido: "Por favor, me deleta...". E eu, então, amoravelmente, apertarei o botão *delete* do meu computador.

Desatei o nó no *gargomi*. Voltei com fala macha. "Como é que você chama?". "José Roberto Quadros". Sorri para ele, para ele não ficar intimidado pela minha macheza. "Eu escrevo estórias para crianças. Vou lhe enviar um livrinho. Me dá o seu endereço...". Eu me despedi e fui andando. Já longe, voltei para trás e o vi, magro e sorridente, sobre as sandálias havaianas. Imaginei que ele tinha o sonho de ter um par de tênis. "Qual é o número do seu sapato?". "38" – ele respondeu. "Vou lhe mandar um par de tênis...". Virei rápido para ele não me ver chorando.

Mas não era sobre o José Roberto Quadros que eu ia escrever. Ia escrever um artigo científico sobre as pesquisas do professor Joe Tsien, da Universidade de Princeton, que criou camundongos mais burros que os camundongos domésticos. Ia falar sobre as teorias de Reuven Feuerstein (leia-se "fóier-stáin") relativas ao poder da inteligência para se regenerar. Perdi o rumo. Peço perdão. Fui levado pelo coração.

ELA NÃO APRENDEU A LIÇÃO

A Mariana é minha neta. Tem seis anos. Entrou para a escola e anuncia orgulhosamente que está no "Pré-A". Ela aguardou este momento com grande ansiedade. Agora ela se sente possuidora de uma nova dignidade. Está crescendo. Está entrando no mundo dos adultos.

Novas responsabilidades: deveres de casa, pesquisas. Passados uns poucos dias do início das aulas ela voltou da escola com um novo dever: uma pesquisa sobre uma palavra que ela nunca usara, não sabia o que era. Ela deveria encontrar uma resposta para a seguinte pergunta: "O que é a política?".

Só se pode pensar e aprender aquilo sobre que se pode falar. Imaginei então a Mariana com suas amiguinhas, cercadas de bonecas, conversando animadamente sobre política. Ou seja: imaginei um quadro surrealista. E, mais uma vez, tive raiva das escolas e dos professores.

Reacendeu-se em mim uma antiga convicção de que as escolas não gostam das crianças. Convicção que é partilhada por muita gente, inclusive o Calvin e o Charlie Brown. Parece que as escolas são máquinas de moer carne: numa extremidade entram as crianças com suas fantasias e seus brinquedos. Na outra saem rolos de carne moída, prontos para o consumo, "formados" em adultos produtivos. Alguns chegam mesmo a sugerir que a transição da infância para a condição adulta é a transição da inteligência para a burrice. Assim pensa Fernando Pessoa, vulgo Bernardo Soares, no *Livro do desassossego*: "... considerando a diferença hedionda entre a inteligência da criança e a estupidez dos adultos...". Anos atrás, o professor Ubiratan D'Ambrosio, da Unicamp, me apresentou a um senhor que, segundo ele, era um dos maiores professores de matemática vivos. Já ancião, cabelos brancos, olhos muito azuis, ele iniciou a conversa fazendo um comentário sobre a inteligência matemática das crianças, inteligência que é perdida quando, na escola, elas têm de aprender a "maneira certa" de lidar com as operações numéricas. À minha convicção de que as escolas não gostam de crianças (isso vale também para as universidades. Numa, que conheço bem, a voz corrente era que a universidade seria perfeita se não houvesse alunos para atrapalhar), juntou-se uma outra: a escola é burra.

Pedir que uma menina de seis anos faça pesquisa sobre política é burrice. É o mesmo que dar uma picanha para um recém-nascido.

Para dar expressão à minha raiva vali-me da loucura poética da Adélia Prado. "Escola é uma coisa sarnenta; fosse terrorista, raptava era diretor de escola e dentro de três dias amarrava no formigueiro, se não aceitasse minhas condições. Quando acabarem as escolas quero nascer outra vez."

Pensam alguns que o problema da educação no Brasil é a falta de recursos. É verdade que há falta de recursos. Mas é mentira que se vierem os recursos a escola vai ficar inteligente. Computadores, satélites, parabólicas e televisões não substituem o cérebro. Panelas novas não transformam um cozinheiro ruim num cozinheiro bom. Cozinheiro não se faz com panelas, muito embora as panelas sejam indispensáveis. Escolas não se fazem com meios técnicos, embora estes possam ajudar. É perigoso dar meios eficazes a quem falta inteligência.

Sempre achei a escola burra. E não sou o único a ter essa opinião. Nietzsche chamava os professores de "meus inimigos naturais". Hermann Hesse declarou que entre os problemas da cultura moderna a escola era o único que ele levava a sério. A razão para tal interesse se encontrava precisamente no mal que ela fazia. "Em mim a escola destruiu muita coisa", ele afirma. "E conheço poucas personalidades importantes a que não tenha ocorrido o mesmo. Na escola só aprendi duas coisas: latim e mentiras." No seu *O jogo das contas de vidro*, o *magister ludi* Joseph Knecht sonhava em poder educar uma criança "ainda não deformada pela escola". Romain Rolland descreve a experiência de um aluno

> .... afinal de contas, não entender nada já é um hábito. Três quartas partes do que se diz e do que me fazem escrever na escola: a gramática, ciências, moral e mais um terço das palavras que leio, que me ditam, que eu mesmo emprego – eu não sei o que querem dizer. Já observei que em minhas redações as que menos compreendo são as que levam mais chances de ser classificadas em primeiro lugar.

Não admira que Ivan Illitch tivesse mesmo sonhado com a utopia de uma sociedade sem escolas.

Minha experiência pessoal com a escola foi semelhante. De todos os professores que tive, só me lembro com alegria de um professor de literatura que não dava provas e passava todo mundo. Mas ele falava sobre literatura com tal paixão que era impossível não ficar contagiado. Não sei quantas horas gastei estudando a análise sintática. Mas eu não tenho a menor ideia da sua utilidade. Se me disserem que é para falar e escrever português melhor eu contesto. Eu aprendi a escrever lendo e escrevendo. As crianças pequenas aprendem a falar falando. Falariam com sotaque se tivessem de aprender a falar em aulas formais. Você sabe resolver uma equação de segundo grau? Eu sei. Aprendi no ginásio.

Só que não tenho a menor ideia da sua utilidade. Nunca me ensinaram. Ensinaram-me a manipular uma ferramenta mas não me disseram para que ela serve. Você sabe as causas da Guerra dos Cem Anos? Eu sei. Aprendi estudando com a minha filha, quando ela se preparava para o vestibular. Só que nem eu nem ela sabemos o que fazer com tal informação. Uma coisa é certa: nunca iremos conversar sobre a Guerra dos Cem Anos com os nossos amigos. O que eu disse da equação do segundo grau e da Guerra dos Cem Anos se aplica à maioria das coisas que as crianças e os adolescentes são obrigados a estudar e a devolver aos professores, na forma de avaliações.

Avaliações que nada avaliam porque, felizmente, logo a maioria do supostamente aprendido é esquecido. Um exame nos moços, seis meses depois dos vestibulares, revelará que a maior parte daquilo que eles "sabiam" para o exame terá sido esquecida. Passado um ano pouca coisa restará.

Concluirão que os métodos de ensino foram inadequados. Discordo. O problema não está nos métodos de ensino. O problema se encontra naquilo que foi ensinado. Aquilo sobre o que se fala tem de estar ligado à vida. O conhecimento que não faz sentido é prontamente esquecido. A mente não é burra. Ela não carrega carga inútil. Imagine que você está numa gincana e uma das provas é levar uma tora de madeira do ponto A até o ponto B. Chegado ao ponto B, que é que você vai fazer? Você colocará a tora no chão e se livrará dela para correr leve o resto da prova. Um competidor que continuasse a levar a tora de madeira nos ombros durante as outras provas seria um idiota. A mente procede do mesmo jeito. Ela se livra do conhecimento inútil por meio do esquecimento. Esquecimento é prova de inteligência.

A escola é burra e incompetente porque ela não fala sobre aquilo que é vitalmente importante para as crianças. Isso foi dito por Piaget no seu *Biologia e conhecimento*. Mas nem teria sido necessário que ele dissesse: o senso comum, sem precisar pesquisar, sabe disso muito bem.

Tentei conversar sobre política com a Mariana. Não consegui. Ela nada aprendeu sobre política. Fiquei feliz. Ela continua inteligente. Até quando, eu não sei...

SOBRE A VIDA AMOROSA
DAS ESTRELAS DO MAR

Dei-me conta, repentinamente, da existência de uma grave lacuna na minha formação intelectual e produção literária. Nada sei sobre a vida amorosa das estrelas do mar e jamais escrevi qualquer crônica sobre o assunto. A revelação dessa limitação me foi feita quando, chegando em casa, vi o meu filho Sérgio, pai da Mariana, às voltas com a *Encyclopaedia Britannica*. Como sou fanático pela enciclopédia, de quem me tornei amante desde que a comprei em 1958, imaginei que meu filho também deveria estar em busca de algum prazer. Fiquei curioso. "O que é que você procura?", perguntei. Ele me respondeu com outra pergunta: "Pai, como é 'estrela do mar' em inglês?". Respondi:

"é *starfish*". Mas fiquei curioso do seu interesse inusitado por esses animais tão distantes do nosso cotidiano. Afinal de contas, é só muito raramente que se topa com uma estrela do mar. Aí ele me explicou: "Nova pesquisa da Mariana. Ela deve descobrir a forma como as estrelas do mar se reproduzem".

Fiquei então assombrado e imaginei que a Mariana, minha neta de seis anos, deveria estar destinada a se transformar numa verdadeira enciclopédia, quando tivesse a minha idade. Antes ela já tivera de fazer uma pesquisa sobre o tema "o que é a política?". Agora, uma pesquisa sobre a vida amorosa das estrelas do mar. Invejei-a. Percebi logo que as crianças de hoje não são como as crianças de antigamente. Dei-me conta de que minhas ideias sobre educação, tão esquisitas, devem ser fruto de um equívoco psicobiológico: sempre pensei por meio de analogias, pressupondo que as crianças são as mesmas, em qualquer tempo, e que para entender uma criança de hoje é preciso começar por entender a criança que fui ontem (e ainda continuo a ser, secretamente). Assim eu pensava, assim eu agia: via a minha neta através dos meus olhos de menino.

Eu estava errado. Quando eu era menino eu não tinha o menor interesse na vida sexual das estrelas do mar, na verdade, nem mesmo sabia que elas existiam. Estrelas do mar eram entidades distantes, não habitavam o meu espaço, e por não habitarem o meu espaço elas não existiam nem para o meu corpo nem para a minha mente. Seria tolo, portanto, tentar ensinar-me algo seja da biologia, seja da sexualidade, tomando como referência essas notáveis hermafroditas. E eu nem sabia o que era hermafrodita. Muito mais fascinantes me eram as galinhas, que moravam no meu quintal, ciscavam a terra, botavam ovo, cacarejavam e eventualmente eram transformadas em canja. Que maravilhosos objetos de investigação, ponto de partida para reflexões biológicas, estéticas, ecológicas, econômicas, culinárias, religiosas, políticas e até mesmo erótico-poéticas. Religiosas, porque foi um galo que anunciou a traição de São Pedro. Políticas, porque cada galinheiro é um espaço político, onde as aves mais fortes bicam as mais fracas. E erótico-poéticas, porque as galinhas, por seus hábitos sexuais promíscuos, se tornaram metáforas para as mulheres enfermas de furor uterino, que são denominadas "galinhas" – e daí o verbo "galinhar", que pode se aplicar também aos homens.

A gente aprendia por conta própria, movidos por uma curiosidade incontrolável. Só tardiamente descobri que meu pai era um mentiroso. Eu nada sabia sobre os fatos da vida, e corria atrás dos galos machistas que subiam nas costas das galinhas segurando-as pela crista. Perguntei ao meu pai por que os galos assim batiam nas galinhas e ele me respondeu que, com certeza, era punição por alguma malcriação que tinham feito, o que me convenceu, definitivo, a jamais fazer malcriações. A cena está absolutamente clara na minha mente, como se fosse agora: eu, agachado diante de um ninho onde uma galinha se esforçava por botar um ovo. Imóvel, não se perturbava com a minha proximidade, olhos arregalados, o esforço era demais, e no orifício traseiro, róseo, o ovo que aparecia. Como profecia de um médico que não fui, eu fazia o "toque" para ver se faltava muito. Botado o ovo, eu o levava triunfante para a cozinha, onde o feto seria transformado em ovo frito. Havia, também, as moscas que voavam acopladas, em maravilhosa sincronia olímpica, na felicidade singular e poética de copular voando, graça que aos seres humanos é dada em ocasiões muito especiais, quais sejam, na conjunção de astros, em eclipses de lua, ou quando os amantes riem enquanto fazem amor. E havia também os cachorros, enganchados na mais ridícula das posições, um resfolegando, língua de fora, olhando para o norte, o outro resfolegando, língua de fora, olhando para o sul, o que nos fazia supor que o sexo era coisa ridícula, que não devia ser feito com a mulher amada.

A gente aprendia olhando e pensando os objetos que habitavam o mesmo espaço que nós. E foi assim que eu, equivocadamente, elaborei um princípio pedagógico, que diz que a aprendizagem acontece no espaço habitado, espaço onde criança, sensações, sentimentos, bichos, coisas, ferramentas, cenários, situações, pessoas e atividades acontecem e formam um mundo. Eram os objetos do cotidiano, a gente não precisava de enciclopédia para fazer pesquisa. Pesquisa se fazia com os cinco sentidos e a curiosidade.

Percebi, então, que estou fora de moda. Também pudera! Não ando na companhia daqueles com quem os educadores andam. Não lemos os mesmos livros. Com a idade, passei a ler pouco. Se me criticarem por esse pecado acadêmico, direi que devem criticar também Bernardo Soares e Nietzsche. Acho que qualquer aluno de mestrado tem mais informações sobre a bibliografia recente de educação do que eu. Desconfio da leitura. Ela pode (notem bem, eu só disse "pode") produzir a cegueira. Isso se torna claro na universidade, que é o lugar onde se encontra a maior concentração de cegos que eu conheço. Perdão, a minha mania de exagerar! Não é que sejam cegos. É que olhos deles só veem o que está escrito nos livros. Se a gente pedir para que os moradores da universidade façam um trabalho sobre coisa complicada, *sobre a qual existe uma bibliografia*, tudo bem; eles fazem. Mas se a gente pedir para que façam um trabalho sobre aquilo que estão vendo, eles ficam paralisados. Para ver eles precisam de uma citação. Nietzsche tinha raiva dos intelectuais alemães, a quem ele chamava de "dedadores de livros" – tinham calos na ponta dos dedos de tanto virar páginas e ler os pensamentos dos outros. Schopenhauer chama a atenção para esse fato: que para ler é preciso parar de pensar para pensar os pensamentos de uma outra pessoa. O que é bom, até um certo ponto, e horrível depois dele, pois então desaprendemos a alegria de ter nossos próprios pensamentos. Diante de um pensamento escrito num livro, um pensamento simplesmente pensado na cabeça aparece como coisa insignificante, sem valor.

E o que aconteceu comigo foi que, ficando velho, dei-me conta de que os anos que me restavam não me davam tempo para acompanhar a literatura que se produzia sobre a educação. Parei de ler e tratei de gozar e cuidar dos meus próprios pensamentos sobre o assunto – que nada têm de científico, pois não se baseiam em estatísticas. As tartarugas caminham solidamente sobre o chão. A vantagem é que não correm o risco de quedas. Tartarugas não quebram pernas. A desvantagem é que são míopes, veem quase nada do mundo. Já as águias, correndo o risco das alturas, acham que o risco da queda vale a pena, pois lá de cima, sem pés no chão, se vê muito mais longe e muito mais bonito. Segundo o que penso, e seguindo minha filosofia da aprendizagem, o corpo aprende apenas aquelas coisas com as quais está em contato. A aprendizagem é uma função do viver. A gente aprende para sobreviver e para viver melhor, com alegria. Mas a vida tem a ver com a relação direta do corpo com o seu meio. Por isso a aprendizagem começa com os sentidos: o ver, o ouvir, o cheirar, o tocar, o gostar. Para os que só pensam com o auxílio de citações: *Magister dixit!* Assim falou Marx, que a tarefa da história é a educação dos sentidos.

Confesso que não sei o que a Mariana vai fazer com as informações sobre a vida sexual das estrelas do mar, seres ausentes do seu mundo. Acho que ela aproveitaria mais se estudasse sobre os seres que vivem no seu espaço: galinhas, cachorros, moscas, gatos, coelhos, homens e mulheres. Mas, como eu disse, estou fora de moda. Tudo mudou. As crianças de hoje não são iguais às de antigamente...

EM LOUVOR À INUTILIDADE

As crianças, do jeito como saem das mãos de Deus, são brinquedos inúteis, não servem para coisa alguma... Brinquedo não serve para nada. Objeto inútil. Útil é uma coisa que pode ser usada para se fazer algo. Por exemplo, uma panela.

Ela é útil. Com ela se fazem feijoadas, moquecas e sopas. Uma escada também é útil: pode ser usada para subir no telhado, para apanhar jabuticabas nos galhos altos, para trocar uma lâmpada. Um barco é útil: pode ser usado para atravessar um rio. Úteis são o palito, a vassoura, o canivete, o pente, a camisinha, a aspirina, o lápis, a bicicleta, o computador e os meus dedos que digitam as palavras que penso.

Convidaram-me para dar uma palestra para pessoas da terceira idade. Comecei minha fala de forma solene: "Então os senhores e as senhoras chegaram finalmente a essa idade maravilhosa em que podem se dar ao luxo de ser totalmente inúteis!". Pensaram que fosse xingamento, ofensa. E trataram, cada um, de me explicar a sua utilidade. E exigiram ser colocados na caixa das coisas úteis, onde estavam a vassoura, o papel higiênico e o serrote. Mas eu só queria que eles fossem colocados no mesmo baú onde estavam os brinquedos.

Lá em Minas era assim que se valorizava o marido, dizendo que ele morava na caixa de coisas úteis: "O Onofre é assim caladão, desengonçado e sem jeito. Mas marido melhor não pode haver. É sem defeito. Bom demais: não deixa faltar nada em casa..."

As mães, sagazes, sabiam que um casamento duradouro depende da utilidade das esposas. Como a expressão "esposa útil" não fica bem, substituíram-na por "esposa prendada". Sabedoria das mães sagazes: esposa prendada, casamento duradouro, mãe viúva abrigada. Preparavam suas filhas para o casamento transformando-as em ferramentas-complementos de panelas, agulhas e vassouras. Cozinhar, varrer, costurar: esses eram os saberes necessários à formação de uma mulher útil. Nunca ouvi falar, não conheço, ignoro qualquer esforço no sentido de desenvolver nos homens e nas mulheres os seus potenciais de brinquedo. Afinal de contas, brinquedo é coisa inútil.

O que se procura é um cavalo (ou égua) marchador, que não se espante com mau tempo, que fique amarrado no pau espantando moscas com o rabo sem relinchar. Muito mais útil que um cavalo selvagem, lindo de se espiar, maravilhoso de se sonhar, mas impossível de se montar. Simetricamente, uma mulher submissa, caseira e trabalhadora vale mais que uma mulher com ideias próprias que voa por lugares não sabidos. Há um capítulo das Sagradas Escrituras, no livro de Provérbios (31:10-31), onde se encontra a mais fantástica ficção sobre a mulher virtuosa que eu jamais vi. Aquilo não é uma mulher; é uma máquina. Mulher faz-tudo, de um marido faz-nada. Porque não sobra nada para ele fazer. A descrição é tão doida que a única explicação que tenho para tal colar impossível de virtudes é que o autor devia estar fazendo uma brincadeira, gozação amorosa com sua mulherzinha que não era nada daquilo, mas que tinha virtudes de brinquedo que ele adorava.

Quando o valor das coisas está na utilidade, no momento em que deixam de ser úteis são jogadas fora. Uma lâmpada queimada, uma caneta Bic vazia, um saquinho de chá usado: vão todos para o lixo. Na hora de despedir os empregados é sempre a lei da utilidade que funciona. Cozinheira que cozinha bem fica no emprego e tem aumento. Cozinheira que põe sal demais no feijão e deixa queimar o arroz é despedida. Esta é a lei da utilidade: o menos útil é jogado fora para que o mais útil tome o seu lugar. Minha máquina de escrever, faz mais de um ano que não toco nela. Isso vale para as pessoas. É a lei da selva, a sobrevivência do mais apto.

Muitas pessoas chegam mesmo a colocar Deus nesse rol de utilidades, ao lado desses objetos-ferramentas. Claro, a ferramenta mais potente, capaz de fazer tudo o que as outras não fazem: encontrar chave perdida, curar câncer, fazer o filho passar no vestibular, segurar o avião lá em cima, impedir acidente de automóvel, encontrar casa para alugar ou homem ou mulher com quem casar. Toda vez que alguém diz "graças a Deus", está dizendo: "Ferramenta útil é esse Deus. Até agora fez tudo direitinho".

As crianças, do jeito como saem das mãos de Deus, são brinquedos inúteis, não servem para coisa alguma. Assim são a Ana Carolina, a Isabel, a Camila, a Flora, a Ana Paula, a Mariana, a Carol, a Aninha... É compreensível. Deus, segundo Jacob Boehme, místico medieval, é uma Criança que só faz brincar. Ele não se dá bem com os adultos. Tanto assim que, no momento em que Adão e Eva pararam de brincar e ficaram úteis, Deus os expulsou do Paraíso. Fez isso não por não gostar deles, mas por medida preventiva: sabia que qualquer Paraíso vira inferno quando um adulto entra lá. Agora, para entrar outra vez no Paraíso, é preciso nascer de novo e virar criança. Aquela estória do livro de contabilidade de Deus, nas mãos de São Pedro, na entrada do céu, é tudo invenção de adulto com cabeça de banqueiro. Na verdade, o que acontece é o seguinte. Na porta do

Paraíso está aquela Criança que Alberto Caeiro descreveu num longo poema. Ela não consulta livro e não pergunta nada. Só abre um baú enorme, onde estão guardados todos os brinquedos inventados e por inventar, e diz: "Escolha um para brincar comigo!".

Quem ficar feliz e souber brincar entra. Mas muitos ficam bravos. Traziam, numa mala etiquetada de "boas obras", todas as utilidades que haviam ajuntado. Queriam mostrá-las a Deus-Pai. Mas a Criança não se interessa pela mala. Os chegantes se sentem ofendidos. Desrespeito serem recebidos assim! Ficam desconfiados. Fecham a cara. Dizem que são pessoas sérias. Para isso foram à escola – para serem transformados de meninos em adultos.

A Criança lhes sorri e lhes diz que, naquela escola, eles não passaram. Não podem entrar no Paraíso. Ficaram de DP. "Voltem quando tiverem deixado de ser adultos. Voltem quando tiverem voltado a ser crianças. Voltem quando tiverem aprendido a brincar..."

"... E UMA CRIANÇA PEQUENA OS GUIARÁ"

A fotografia é simples, apenas um detalhe: duas mãos dadas, uma mão segurando a outra. Uma delas é grande, a outra é pequena, rechonchuda. Isso é tudo. Mas a imaginação não se contenta com o fragmento – completa o quadro: é um pai que passeia com seu filhinho. O pai, adulto, segura com firmeza e ternura a mãozinha da criança: a mãozinha do filho é muito pequena, termina no meio da palma da mão do pai. O pai vai conduzindo o filho, indicando o caminho, vai apontando para as coisas, mostrando como elas são interessantes, bonitas, engraçadas. O menininho vai sendo apresentado ao mundo.

É assim que as coisas acontecem: os grande ensinam, os pequenos aprendem. As crianças nada sabem sobre o mundo. Também, pudera! Nunca estiveram aqui. Tudo é novidade. Alberto Caeiro tem um poema sobre o olhar (dele), que ele diz ser igual ao de uma criança:

O meu olhar é nítido como um girassol. (...)
E o que vejo a cada momento
É aquilo que nunca antes eu tinha visto,
E eu sei dar por isso muito bem...
Sei ter o pasmo essencial
Que tem uma criança se, ao nascer,
Reparasse que nascera deveras...
Sinto-me nascido a cada momento
Para a eterna novidade do mundo.

O olhar das crianças é pasmado! Veem o que nunca tinham visto! Não sabem o nome das coisas. O pai vai dando os nomes. Aprendendo os nomes, as coisas estranhas vão ficando conhecidas e amigas. Transformam-se num rebanho manso de ovelhas que atendem quando são chamadas.

Quem sabe as coisas são os adultos. Conhecem o mundo. Não nasceram sabendo. Tiveram de aprender. Houve um tempo quando a mãozinha rechonchuda era a deles. Um outro, de mão grande, os conduziu. O mais difícil foi aprender quando não havia ninguém que ensinasse. Tiveram de tatear pelo desconhecido. Erraram muitas vezes. Foi assim que as rotas e os caminhos foram descobertos. Já imaginaram os milhares de anos que tiveram de se passar até que os homens aprendessem que certas ervas têm poderes de cura? Quantas pessoas tiveram de morrer de frio até que os esquimós descobrissem que era possível fabricar casas quentes com o gelo! E as comidas que comemos, os pratos que nos dão prazer! Por detrás deles há milênios de experimentos, acidentes felizes, fracassos! Vejam o fósforo, essa coisa insignificante e mágica: um esfregão e eis o milagre: o fogo na ponta de um pauzinho. Eu gostaria, um dia, de dar um curso sobre a história do pau de fósforo. Na sua história há uma enormidade de experimentos e pensamentos.

Ensinar é um ato de amor. Se as gerações mais velhas não transmitissem o seu conhecimento às gerações mais novas, nós ainda estaríamos na condição dos homens pré-históricos. Ensinar é o processo pelo qual as gerações mais velhas transmitem às gerações mais novas, como herança, a caixa onde guardam seus mapas e ferramentas. Assim as crianças não precisam começar da estaca zero. Ensinam-se os saberes para poupar àqueles que não sabem o tempo e o cansaço do pensamento: saber para não pensar. Não preciso pensar para riscar um pau de fósforo.

Os grandes sabem. As crianças não sabem.

Os grandes ensinam. As crianças aprendem.

Está resumido na fotografia: o de mão grande conduz o de mãozinha pequena. Esse é o sentido etimológico da palavra "pedagogo": aquele que conduz as crianças.

Educar é transmitir conhecimentos. O seu objetivo é fazer com que as crianças deixem de ser crianças. Ser criança é ignorar, nada saber, estar perdido. Toda criança está perdida no mundo. A educação existe para que chegue um momento em que ela não esteja mais perdida: a mãozinha de criança tem de se transformar em mãozona de um adulto que não precisa ser conduzido: ele se conduz, ele sabe os caminhos, ele sabe como fazer. A educação é um progressivo despedir-se da infância.

A pedagogia do meu querido amigo Paulo Freire amaldiçoava aquilo que se denomina ensino "bancário" – os adultos vão "depositando" saberes na cabeça das crianças da mesma forma como depositamos dinheiro num banco. Mas me parece que é assim mesmo que acontece com os saberes fundamentais: os adultos simplesmente dizem *como* as coisas são, *como* as coisas são feitas. Sem razões e explicações. É assim que os adultos ensinam as crianças a andar, a falar, a dar laço no cordão do sapato, a tomar banho, a descascar laranja, a nadar, a assobiar, a andar de bicicleta, a riscar o fósforo. Tentar criar "consciência crítica" para essas coisas é tolice. O adulto mostra como se faz. A criança faz do jeito como o adulto faz. Imita. Repete. Mesmo as pedagogias mais generosas, mais cheias de amor e ternura pelas crianças, trabalham sobre esses pressupostos. Se as crianças precisam ser conduzidas é porque elas não sabem o caminho. Quando tiverem aprendido os caminhos andarão por conta própria. Serão adultos.

Todo mundo sabe que as coisas são assim: as crianças nada sabem, quem sabe são os adultos. Segue-se, então, logicamente, que as crianças são os alunos e os adultos são os professores. Diferença entre quem sabe e quem não sabe. Dizer o contrário é puro nonsense. Porque o contrário seria dizer que as crianças devem ensinar os adultos. Mas, nesse caso, as crianças teriam um saber que os adultos não têm. Se já tiveram, perderam... Mas quem levaria a sério tal hipótese?

Pois o Natal é essa absurda inversão pedagógica: os grandes aprendendo dos pequenos. Um profeta do Antigo Testamento, certamente sem entender o que escrevia – os profetas nunca sabem o que estão dizendo –, resumiu essa pedagogia invertida numa frase curta e maravilhosa: "... e uma criança pequena os guiará" (Isaías 11.6).

Se colocarmos esse moto ao pé da fotografia tudo fica ao contrário: é a criança que vai mostrando o caminho. O adulto vai sendo conduzido: olhos arregalados, bem abertos, vendo coisas que nunca viu. São as crianças que veem as coisas – porque elas as veem sempre pela primeira vez com espanto, com assombro de que elas sejam do jeito como são. Os adultos, de tanto vê-las, já não as veem mais. As coisas – as mais maravilhosas – ficam banais. Ser adulto é ser cego.

Os filósofos, cientistas e educadores acreditam que as coisas vão ficando cada vez mais claras à medida que o conhecimento cresce. O conhecimento é a luz que nos faz ver. Os sábios sabem o oposto: existe uma progressiva cegueira das coisas à medida que o seu conhecimento cresce. "Vale mais a pena ver uma coisa sempre pela primeira vez que conhecê-la. Porque conhecer é como nunca ter visto pela primeira vez...". As crianças nos fazem ver "a eterna novidade do mundo..." (Fernando Pessoa).

Janucz Korczak, um dos grandes educadores do século XX – foi voluntariamente com as crianças da sua escola para a câmara de gás de um campo de concentração nazista –, deu, a um dos seus livros, o título: *Quando eu voltar a ser criança*. Ele sabia das coisas. Era sábio. Lição da psicanálise: os cientistas e os filósofos veem o lado direito. Os sábios veem o avesso. O avesso é este: os adultos são os alunos; as crianças são os mestres. Por isso os magos, sábios, deram por encerrada a sua jornada ao encontrarem um menininho numa estrebaria... No Natal todos os adultos rezam a reza mais sábia de todas, escrita pela Adélia: "Meu Deus, me dá cinco anos, me dá a mão, me cura de ser grande...".

QUALIDADE EM EDUCAÇÃO

O corpo humano é dotado de sensíveis mecanismos de "controle de qualidade." Não só o corpo humano. Até os bichos. O cachorro cheira com o nariz antes de pegar com a boca: ele não é bobo. Procedimento igual ao da dona de casa que cheira o peixe antes de comprá-lo. Ao da cozinheira que prova a moqueca antes de servi-la. Ao do violeiro que afina a viola antes de tocar. Tudo isso é teste de qualidade.

A educação, na medida em que lida com a vida de pessoas e a vida do país, deve ser a área mais rigorosamente testada. É preciso que ela seja excelente. Entretanto, é a área em que os testes são mais difíceis. Avaliações, vestibulares e provões quase nada significam: nada garante que a qualidade, medida por critérios acadêmicos numéricos, consiga passar os testes que a vida impõe. *Na vida "dez", na escola "zero"*: título (ou quase) de um livro que mostra que a excelência escolar não pode ser tomada como índice para avaliar o desempenho na vida. Um professor da Faculdade de Medicina da Unicamp, por ocasião dos vestibulares, me dizia: "Pena. Muitos dos que vão passar com as maiores notas não conseguirão ser médicos. Uma inteligência que foi treinada para descobrir uma resposta certa entre cinco dificilmente consegue lidar com os problemas da clínica médica. A vida não é vestibular. Há certos saberes que aleijam a inteligência".

Na ordem das prioridades governamentais eu coloco a educação em primeiro lugar. Para o país, ela cria as condições para um aumento do bem-estar social. Para o indivíduo, ela aumenta as possibilidades de vida, prazer e alegria. Pus-me então a imaginar um mecanismo que permitisse avaliar a qualidade da educação. Veio-me, então, uma ideia inspirada no "provão". Um "examão" gigantesco, a ser realizado no período de um mês. Nele entrariam todos os conteúdos curriculares pelos quais o aluno passou: raiz quadrada, equação do segundo grau, juros compostos, problemas genéticos de cruzamento de coelhos brancos com coelhos pretos, taxonomia botânica e zoológica, meiose e mitose, conversão de centígrado em Fahrenheit, as guerras do Peloponeso, as guerras Púnicas, a civilização Etrusca, o gótico e o românico, análise sintática, escolas literárias, reações químicas – tudo, tudo estaria incluído no programa do "examão".

Aos alunos horrorizados eu digo: "Tranquilizem-se. As provas não serão assinadas. Não são vocês, alunos, que estão sendo avaliados. É o sistema educacional". Máquina gigantesca, milhares de professores, milhões de alunos, milhares de prédios, toneladas de material escolar, milhares de horas-aula, milhares de informações, milhares de avaliações, um tempo de vida que não pode ser computado, além do sofrimento de filhos e pais, e quantia de dinheiro incalculável.

O objetivo declarado dessa máquina é passar, para os alunos, o conhecimento definido pelos currículos. A relação matemática entre (1) a soma de conhecimentos supostamente dados e (2) o conhecimento que ficou incorporado no aluno define a qualidade da máquina. O objetivo do "examão" é verificar essa relação. Meu palpite é que, na melhor das hipóteses, os alunos não terão incorporado mais que 5% dos conhecimentos supostamente dados. Uma máquina com 5% de rendimento está reprovada.

Os mecânicos da educação tratarão de consertar a máquina, convencidos de que ela necessita de ajustamentos e peças novas. Eu, ao contrário, acho que não há nada de errado com a máquina. Não há o que consertar. Acontece que os alunos – mais precisamente os corpos dos alunos – têm também seus mecanismos de "controle de qualidade". Se eles não aprendem é porque os seus corpos "reprovam" a máquina. Seus corpos vomitam o que a máquina lhes enfia pela goela abaixo. O resultado do "examão" seria a prova disto.

Nietzsche, no seu ensaio sobre Tales, refere-se às coisas "dignas de serem conhecidas". A inteligência funciona como o aparelho digestivo: ela "testa" os sabores, e somente aqueles que são dignos de serem aprendidos são comidos, digeridos e incorporados. Os outros são vomitados. A recusa à aprendizagem é o vômito daquilo que o sistema educacional quer impor mas que não faz sentido para os alunos.

Os mecânicos da educação tendem a pensar que o problema da educação é um problema de meios, meios sendo um conceito amplo que vai desde didáticas e psicologias até computadores, laboratórios, televisões e parafernálias educacionais semelhantes. A forma mais comum dessa filosofia mecânica aparece como a queixa de "falta de fundos para a educação". Digo que quando a máquina como um todo está errada as tentativas de consertá-la só levam a um agravamento do problema. Panelas importadas são inúteis para um mau cozinheiro.

O corpo humano é sábio. Ele tem ideias próprias. E ele, seguindo seus critérios de "controle de qualidade", só aprende dois tipos de conteúdos. Primeiro, aqueles que dão prazer: o fruto desejável. Segundo, o meio para se chegar ao objeto de prazer: a vara para se apanhar o fruto. Digo que, na sua esmagadora maioria, os conteúdos curriculares processados pela máquina monstruosa nem são objeto de prazer, e nem são percebidos pelos alunos como meios para se chegar a coisa alguma, a não ser passar no vestibular. O fato é que os alunos não sabem a razão de ter de aprender o que estão sendo forçados a aprender.

A máquina funciona como deve. O problema é que a comida que ela serve é imprópria para a inteligência. A questão não é mudar as panelas. A questão é mudar o menu.

O QUE É CIENTÍFICO?

Há os pianos. Há a música. Ambos são absolutamente reais. Ambos são absolutamente diferentes. Os pianos moram no mundo das quantidades. Deles se diz: "Como são benfeitos!". A música mora no mundo das qualidades. Dela se diz: "Como é bela!".

Dos pianos, os mais famosos são os Steinway, preferidos dos grandes pianistas. São eles que se encontram nos palcos dos grandes teatros do mundo, dentre eles o de Campinas... Pianos são máquinas de grande precisão. A sua fabricação exige uma ciência rigorosa. Tudo tem de ser medido, pesado, testado. As teclas devem ter o tamanho exato, devem reagir de maneira uniforme à pressão dos dedos, devem ter reação instantânea. E há de se considerar a afinação. O pianista Benedetto Michelangelo, ao iniciar um concerto na cidade de Washington, parou imediatamente após os primeiros acordes: o seu ouvido percebeu que a afinação não estava certa. O concerto foi interrompido para que um afinador desse às cordas a tensão exata para produzir os sons precisos.

Um dos objetivos da ciência exata da fabricação de pianos é a produção de pianos absolutamente iguais. Se não forem iguais, o pianista não conseguirá tocar num piano em que nunca tocou.

Digo que a fabricação de pianos é uma ciência porque tudo, no piano, está submetido ao critério da medida: tamanhos, pesos, tensões. Mesmo as afinações, que normalmente requerem ouvidos delicados e precisos, podem prescindir dos ouvidos dos afinadores – o afinador pode ser surdo! – desde que haja um aparelho que meça o número de vibrações das cordas.

A realidade do piano se encontra em suas qualidades físicas, que podem ser ditas e descritas na precisa linguagem científica dos números. É essa linguagem que torna possível fazer pianos iguais uns aos outros. Na ciência, a possibilidade de repetir, de fazer objetos iguais uns aos outros, é um critério de verdade. Coisa de culinária: se digo que uma receita de bolo é boa, todas as vezes que qualquer pessoa fizer a mesma receita, com os mesmos ingredientes, nas medidas exatas, na mesma temperatura de forno, o resultado deverá ser igual. A exatidão dos números torna a repetição possível. Assim é a ciência, essa culinária precisa e útil. Tanto os pianos quanto os objetos da ciência são construídos com o auxílio de um método chamado *quantitativo*, isto é, que se vale de números. Na ciência e na construção de pianos só é real o que pode ser medido.

Pianos não são fins em si mesmos. Pianos são meios. Existem para serem tocados. A música é tão real quanto os pianos. Mas a realidade da música não é da mesma ordem que a realidade dos pianos. Essa é a razão por que os fabricantes de pianos não se contentam em fabricar pianos: eles vão aos concertos ouvir a música que os pianistas tocam. É certo que a música tem uma realidade física, em si mesma, independente dos sentimentos de quem ouve. A música existe mesmo se o CD está sendo tocado numa sala vazia, sem ninguém que a ouça. Mas isso não é a realidade da música. A realidade da música se encontra no prazer de quem a ouve. O mesmo vale para a comida. As cozinheiras cozinham para dar prazer aos que comem. Os pintores pintam para dar prazer aos que olham. Também os amantes beijam por causa do prazer. O desejo do prazer move o mundo.

O prazer é uma experiência *qualitativa*. Não pode ser medida. Não há receitas para a sua repetição. Cada vez é única, irrepetível. Um pianista não interpreta a mesma música duas vezes de forma igual. O *Concerto italiano*, de Bach, põe em ordem o meu corpo e a minha alma. Uma outra pessoa, ao ouvi-lo, vai dizer: "Que música chata!"

Desde cedo os filósofos naturais (assim eram chamados os cientistas no passado) perceberam a diferença entre a ordem das quantidades e a ordem das qualidades. E as designaram com as expressões "qualidades primárias" e "qualidades secundárias". As qualidades primárias são aquelas que pertencem ao objeto, independentemente dos nossos sentimentos; elas podem ser ditas em linguagem matemática, tornando possível a repetição. Com elas se faz a ciência. As qualidades secundárias são aquelas que se referem às experiências subjetivas que temos ao "provar" o objeto. O frango ao molho pardo tem uma realidade física. Mas o "gosto" só existe na minha boca, na minha língua e nas minhas memórias de mineiro. Uma outra pessoa, com boca e língua anatômica e fisiologicamente idênticas às minhas, mas que não participe das mesmas memórias (uma pessoa de convicções religiosas adventistas, por exemplo), sentirá um "gosto" diferente do meu, possivelmente repulsivo. A experiência do gosto, da beleza, da estética pertence ao mundo humano das "qualidades". Não pertence ao mundo das realidades quantitativas. A linguagem matemática da ciência não dá conta dessa experiência. Não é capaz de dizê-la. Faltam-lhe palavras. Faltam-lhe sutilezas. Faltam-lhe, sobretudo, interstícios. A ciência conhece as coisas que podem ser ditas quantitativamente. Mas como dizer a beleza de uma sonata? Lênin, ao falar do que sentia ao ouvir a sonata *Appassionata*, de Beethoven, usa palavras do vocabulário dos apaixonados. Mas, ao lê-las, eu não fico sabendo como é a beleza da música. Que palavras irei usar para transmitir ao leitor o gosto e o prazer do frango ao molho pardo?

E, no entanto, essa "coisa" indizível é real. A experiência estética, não científica, qualitativa, se apossa do corpo: rufam os tambores e os soldados, homens para a morte. Ouço o *Danúbio Azul* e tenho vontade de dançar. Ouço a *Serenata* de Schubert e tenho vontade de chorar. Ouço a *Ave Maria* e a oração surge, espontânea, dentro de mim. Ouço o *Clair de Lune*, de Debussy, e fico tranquilo. Ouço o estudo op. 10 nº 12, de Chopin, chamado "revolucionário", e fico agitado...

Nada disso é científico, quantitativo. *Mas é real.* Move corpos. O que comove os homens e os faz agir é sempre o "qualitativo". Inclusive a ciência. Os cientistas, ao fazer ciência, não são movidos por razões quantitativas, científicas. São movidos por curiosidade, prazer, inveja, competição, narcisismo, ambição profissional, dinheiro, fama, autoritarismo.

Havia, certa vez, uma terra distante onde pianos maravilhosos eram fabricados. Os fabricantes de piano, envaidecidos por sua ciência quantitativa precisa, começaram a desprezar os pianistas, que tocavam movidos por razões qualitativas, indizíveis. Concluíram que os pianistas eram seres de segunda classe e terminaram por proibir que eles tocassem. E cunharam a frase clássica: "Fabricar pianos é preciso. Tocar piano não é preciso".

Isso não é ficção. É isso que está acontecendo nos meios científicos brasileiros. As pesquisas "qualitativas" são rejeitadas sob a alegação de que seus resultados são imprecisos, não passíveis de serem repetidos, e por não serem aceitos para publicações em revistas internacionais. Todos os cientistas devem adorar diante do altar desse novo ídolo: as revistas internacionais indexadas. É esse ídolo que decide sobre o destino das pesquisas e dos pesquisadores. Na comunidade científica somente se permite a linguagem quantitativa. Tem havido casos de cursos de pós-graduação serem desqualificados pelo fato de suas pesquisas serem feitas no campo do qualitativo. O científico é fabricar pianos. O gostar de música não é científico.

O que leva a soluções científicas ridículas. De que maneira um pianista provaria sua competência, com vistas a um grau de doutor em música? Resposta fácil: dando um concerto. A ciência contesta. A ciência não sabe o que é um concerto. Se o pianista quiser ter o grau de doutor ele terá que escrever uma tese na qual a "qualidade" que ele sabe produzir é transformada num saber quantitativo duvidoso.

Guimarães Rosa profetizou que os homens haveriam de ficar loucos em decorrência da lógica. Já está acontecendo em nossas instituições de pesquisa. "Vivam os pianos! Mas os concertos estão proibidos!"

EM DEFESA DOS JOVENS

Há sofrimentos que fazem sentido. Sofrimento que faz sentido é aquele que aceitamos voluntariamente pela alegria que acontecerá no fim. As dores de parto são um sofrimento que faz sentido. "O prazer engravida mas é o sofrimento que faz parir", diz o poeta William Blake.

Há sofrimentos que não fazem sentido. Sofrimento que não faz sentido é aquele que nos acontece sem que o desejemos e que nada de bom nos traz no fim. É sofrimento puro, só sofrimento. As dores de uma indigestão são um sofrimento que não faz sentido. Enjoos e cólicas não são portadores de alegria.

Os sofrimentos das dores de parto terminam com a alegria de uma criancinha.

Os sofrimentos das dores de uma indigestão terminam com vômitos e diarreia.

O que destrói as pessoas não é o sofrimento. Somos capazes de aceitar os maiores sofrimentos se existe, ao final, a chama da alegria. O que destrói as pessoas é a falta de sentido.

Os sofrimentos que fazem sentido são uma expressão da vida. Os sofrimentos que não fazem sentido são uma manifestação da morte.

Os sofrimentos que os exames vestibulares causam às crianças, aos adolescentes e jovens são sofrimentos que não fazem sentido. Também às crianças? Sim. Pensa-se que os vestibulares são apenas uma porta para a entrada na universidade. Poucos se dão conta de que eles lançam suas sombras sinistras sobre tudo o que vem antes deles. Mesmo as crianças, sem o saber, já respiram o seu ar. Porque os pais, preocupados com o futuro, procuram desde cedo as escolas "fortes", isto é, aquelas que preparam para os vestibulares. Ao final do sofrimento, é como a indigestão: vômito e diarreia. Todos os saberes que foram engolidos e que não foram assimilados ao corpo, por não fazerem sentido, são esquecidos. Quando minha filha sofria se preparando para os vestibulares, tendo de memorizar informações que iam das causas da Guerra dos Cem Anos a problemas de cruzamento de coelhos brancos com coelhos pretos – ela "tinha" de saber, se quisesse passar –, eu lhe dizia, como consolo: "Eu lhe juro, minha filha, que dois meses depois dos vestibulares você terá esquecido tudo".

Depois do sofrimento dos vestibulares vêm o vômito e a diarreia: esquecimento. Expulsão das comidas não digeridas. Não por falta de memória ou inteligência curta. A memória esquece porque ela quer esquecer. Ela não é boba. Não leva malas pesadas cheias de coisas inúteis. Viaja leve. Só leva objetos de dois tipos: objetos úteis e objetos que dão prazer. Se nem é útil e nem dá prazer ela tira da mala. Memorizar tudo não é prova de inteligência. É sinal de uma memória enlouquecida, tola. Lembram-se do filme *Rain Man?* Dustin Hofmann fazia o papel de um jovem autista dotado de extraordinário poder de memorizar. O que ele via era instantaneamente memorizado, com todos os detalhes. Isso não o tornava inteligente, mas lhe dava uma capacidade excepcional para jogar. Quebrou uma banca de pôquer em Las Vegas. Logo após o filme a televisão exibiu um documentário sobre deficientes mentais dotados dessa capacidade doentia de memorizar tudo o que não faz sentido – até mesmo uma lista telefônica.

O preparo para os exames vestibulares é um processo de encher as malas da memória com conhecimentos sem sentido. Eles são sem sentido porque, sendo verdadeiros, não têm uma função prática: os jovens não podem fazer nada com eles. Vou explicar. Navegar é uma ciência. Quem navega tem de saber muito sobre os ventos, sobre os mares, sobre meteorologia, sobre astronomia, sobre a conservação dos cascos. Navegar faz sentido para quem vive à beira-mar. Mas ensinar a ciência da navegação para aqueles que moram nas montanhas não faz sentido. Nas montanhas não há mares. Sem uso, a ciência da navegação logo será esquecida. A construção de iglus é conhecimento vital para os esquimós. Se não souberem construir iglus eles morrem. Mas ensinar a ciência da construção de iglus aos moradores do deserto não faz sentido. No deserto não há gelo para se construírem iglus. Navegar é conhecimento. Construir iglus é conhecimento. Mas esses conhecimentos só fazem sentido e só são assimilados por aqueles que vão usá-los como ferramentas numa atividade prática. Conhecimento que faz sentido é conhecimento que é ferramenta. Todo conhecimento que não tem uma função prática, isto é, que não é usado como ferramenta, é logo esquecido e desaprendido. Olhando para o meu passado lembro-me da infinidade de coisas que tive de aprender: seno, cosseno, logaritmo, fórmulas, reações químicas, nomes de faraós e imperadores romanos, afluentes de rios, análise sintática, análise combinatória, pesquisa de ânions, *ad infinitum*. Mas tudo foi esquecido porque não tinha uso. A memória só carrega na sua mala aquilo que ela usa. A memória mora na ação.

Eu gostaria de propor um teste: que os alunos das universidades, ao final do seu primeiro ano, se submetessem de novo ao vestibular, sem se prepararem. Para ver o que restou de tudo o que tiveram de aprender. Também os professores universitários, para ver o que eles sabem, de tudo aquilo que se exige dos jovens. E também os professores dos cursinhos, cada um especialista numa matéria. Sei que seriam aprovados na matéria de sua especialidade. Mas passariam no vestibular, tendo de dar provas de conhecimento em todas as outras matérias? Esse teste mostraria a tolice psicológica e pedagógica que é obrigar os jovens a aprender aquilo que não faz sentido, isto é, os conhecimentos que eles não vão usar como ferramentas.

Aí alguém me contestará: "Mas pode ser que eles venham a usar esses conhecimentos, numa ocasião futura. Isso é razão suficiente para que eles sejam obrigados a aprender todos os conhecimentos".

Imagine que você tem uma caixa de ferramentas. Você quer que a sua caixa de ferramentas seja útil para o seu trabalho. Aí você consulta um catálogo de ferramentas e encomenda todas as ferramentas existentes, sob a justificativa de que você, eventualmente, precisará de uma delas. Chegam as ferramentas e você descobre que elas não cabem na sua caixa. Conclusão: não é possível carregar todas as ferramentas que hipoteticamente se poderá usar na limitada caixa de ferramentas que possuímos e que se chama cérebro. Inteligência não é possuir todas as ferramentas. Inteligência é possuir poucas (para andar leve), e saber onde encontrar as que não se têm, na eventualidade de se precisar delas. Sabedoria não é ter. É saber onde encontrar.

O triste é que as canastras enormes que os jovens têm de encher com conhecimentos para passar no vestibular estejam cheias só de ferramentas. Ferramentas são necessárias. São úteis: meios para viver. Mas a vida não se faz só com ferramentas: violinos são ferramentas para fazer música; panelas são ferramentas para fazer comida; enxadas são ferramentas para fazer jardins. Violinos, panelas e enxadas, em si mesmos, não dão prazer e alegria. O prazer está na música, no frango ensopado, no jardim. Para isso vivemos: para o prazer e a alegria. Mas, para isso, é preciso que a sensibilidade seja educada. É a sensibilidade que traz felicidade ao corpo. Mas é precisamente isso que não cai nos vestibulares. Os vestibulares, todos eles, se concentram no conhecimento das eventuais ferramentas do pensamento, e de tal maneira enchem o tempo e a cabeça dos adolescentes e jovens com tal conhecimento – pois é o único conhecimento que pode ser medido de forma quantitativa – que não sobra tempo para a educação da sensibilidade. Se os jovens não gostam de ler, se não desenvolvem a sua sensibilidade para as artes, se não ficam fascinados com a variedade da cultura humana, se são insensíveis à beleza da natureza, a culpa não é deles. Desde cedo os vestibulares lhes ensinaram que a única coisa importante são as ferramentas.

Tenho dó deles. Se não houvesse vestibulares eles poderiam ser educados. Com os vestibulares eles são apenas treinados. E treinamento é coisa que pertence ao capítulo da psicologia animal. Já sugeri, mas todo mundo pensa que é gozação: um sorteio, mesmo com suas inevitáveis injustiças, seria menos danoso à educação dos jovens que os vestibulares.

"O HOMEM DEVE REENCONTRAR O PARAÍSO..."

Era uma família grande, todos amigos. Viviam como todos nós: moscas presas na enorme teia de aranha que é a vida da cidade. Todo dia a aranha lhes arrancava um pedaço. Ficaram cansados. Resolveram mudar de vida: um sonho louco: navegar! Um barco, o mar, o céu, as estrelas, os horizontes sem fim: liberdade. Venderam o que tinham, compraram um barco capaz de atravessar mares e sobreviver a tempestades.

Mas pra navegar não basta sonhar. É preciso saber. São muitos os saberes necessários para se navegar. Puseram-se então a estudar cada um aquilo que teria de fazer no barco: manutenção do casco, instrumentos de navegação, astronomia, meteorologia, as velas, as cordas, as polias e roldanas, os mastros, o leme, os parafusos, o motor, o radar, o rádio, as ligações elétricas, os mares, os mapas... Disse certo o poeta: "Navegar é preciso", a ciência da navegação é saber preciso, exige aparelhos, números e medições. Barcos se fazem com precisão, astronomia se aprende com o rigor da geometria, velas se fazem com saberes exatos sobre tecidos, cordas e ventos, instrumentos de navegação não informam "mais ou menos". Assim, eles se tornaram cientistas, especialistas, cada um na sua – juntos para navegar.

Chegou então o momento da grande decisão – para onde navegar. Um sugeria as geleiras do sul do Chile, outro os canais dos fiordes da Noruega, um outro queria conhecer os eróticos mares e praias das ilhas do Pacífico, e houve mesmo quem quisesse navegar as rotas de Colombo. E foi então que compreenderam que, quando o assunto era a escolha do destino, as ciências que conheciam para nada serviam. De nada valiam números, tabelas, gráficos, estatísticas. Os computadores, coitados, chamados a dar o seu palpite, ficaram em silêncio. Computadores não têm preferências – falta-lhes essa sutil capacidade de "gostar", que é a essência da vida humana. Perguntados sobre o porto de sua escolha, disseram que não entendiam a pergunta, que não lhes importava para onde se estava indo. Se os barcos se fazem com ciência, a navegação se faz com os sonhos. Infelizmente a ciência, utilíssima, especialista em saber "como as coisas funcionam", tudo ignora sobre o coração humano. É preciso sonhar para se decidir sobre o destino da navegação. Mas o coração humano, lugar dos sonhos, ao contrário da ciência, é coisa imprecisa. Disse certo o poeta "viver não é preciso". Primeiro vem o impreciso desejo de navegar. Só depois vem a precisa ciência de navegar.

Naus e navegação têm sido uma das mais poderosas imagens na mente dos poetas. Ezra Pound inicia os seus *Cânticos* dizendo: "E pois com a nau no mar, / assestamos a quilha contra as vagas...". Cecília Meireles: "Foi, desde sempre, o mar. / A solidez da terra, monótona, / parece-nos fraca ilusão. / Queremos a ilusão do grande mar / multiplicada em suas malhas de perigo". E Nietzsche: "Amareis a terra de vossos filhos, terra não descoberta, no mar mais distante. Que as vossas velas não se cansem de procurar esta terra! Nosso leme nos conduz para a terra dos nossos filhos...". Viver é navegar no grande mar!

Não só os poetas: C. Wright Mills, um sociólogo sábio, comparou a nossa civilização a uma galera que navega pelos mares. Nos porões estão os remadores. Remam com precisão cada vez maior. A cada novo dia recebem remos novos, mais perfeitos. O ritmo das remadas se acelera. Sabem tudo sobre a ciência do remar. A galera navega cada vez mais rápido. Mas, perguntados sobre o porto do destino, respondem os remadores: "O porto não nos importa. O que importa é a velocidade com que navegamos".

C. Wright Mills usou esta metáfora para descrever a nossa civilização por meio de uma imagem plástica:

multiplicam-se os meios técnicos e científicos ao nosso dispor, que fazem com que as mudanças sejam cada vez mais rápidas; mas não temos ideia alguma de "para onde" navegamos.

"Para onde?" Somente um navegador louco ou perdido navegaria sem ter ideia do "para onde". Em relação à vida da sociedade, ela contém a busca de uma utopia. Utopia, na linguagem comum, é usada como "sonho impossível de ser realizado". Mas não é isso. Utopia é um ponto inatingível que indica uma direção. Mario Quintana explicou a utopia com um verso de sabor pitanga: "Se as coisas são inatingíveis... ora! / Não é motivo para não querê-las... / Que tristes os caminhos, se não fora / A mágica presença das estrelas!".

Karl Mannheim, outro sociólogo sábio que poucos leem, já na década de 1920 diagnosticava a doença da nossa civilização: "Não temos consciência de direções, não escolhemos direções. Faltam-nos estrelas que nos indiquem o destino. Hoje", ele dizia, "as únicas perguntas que são feitas, determinadas pelo pragmatismo da tecnologia (o importante é produzir o objeto) e pelo objetivismo da ciência (o importante é saber como ele funciona), são: 'como posso fazer tal coisa? Como posso resolver esse problema concreto particular?'". E conclui: "E em todas essas perguntas sentimos o eco otimista: 'não preciso preocupar-me com o todo, ele tomará conta de si mesmo'".

Em nossas escolas é isso que se ensina: a precisa ciência da navegação, sem que os estudantes sejam levados a sonhar com as estrelas. A nau navega veloz e sem rumo. Nas universidades essa doença assume a forma de peste epidêmica: cada especialista se dedica, com paixão e competência, a fazer pesquisas sobre o seu parafuso, a sua polia, a sua vela, o seu mastro. Dizem que seu dever é produzir conhecimento. Se bem-sucedidas, suas pesquisas serão publicadas em revistas internacionais. Quando se pergunta a eles: "Para onde o seu barco está navegando?", eles respondem: "Isso não é científico. Os sonhos não são objetos de conhecimento científico...". E assim ficam os homens comuns abandonados por aqueles que, por conhecerem mares e estrelas, lhes poderiam mostrar o rumo.

Não posso pensar a missão das escolas, começando com as crianças e continuando com os cientistas, como outra que a realização do dito pelo poeta: "Navegar é preciso. Viver não é preciso". É necessário ensinar os precisos saberes da navegação, ciência. Mas é necessário apontar com imprecisos sinais para os destinos da navegação: "A terra dos filhos dos meus filhos, no mar distante...". Na verdade, a ordem verdadeira é a inversa. Primeiro os homens sonham com navegar. Depois aprendem a ciência da navegação. É inútil ensinar a ciência da navegação para quem mora nas montanhas...

Meu sonho para a educação foi dito por Bachelard: "O universo tem um destino de felicidade. O homem deve reencontrar o Paraíso". Paraíso é jardim, lugar de felicidade, prazeres e alegrias para os homens e mulheres.

Mas há um pesadelo que me atormenta: o deserto. Houve um momento em que se viu, entre as estrelas, um brilho chamado "progresso". Está na bandeira nacional... E "quilha contra as vagas" – a galera navega em direção ao progresso, velocidade cada vez maior, ninguém questiona a direção. E é assim que as florestas são destruídas, os rios se transformam em esgotos de fezes e veneno, o ar se enche de gases, os campos se cobrem de lixo – e tudo ficou feio e triste.

Sugiro aos educadores que pensem menos nas tecnologias do ensino – psicologias e quinquilharias – e tratem de sonhar com seus alunos sonhos de um Paraíso.

RESUMINDO...

1. "Melhor é ter um único desejo que ter muitos" (Nietzsche). "Pureza de coração é desejar uma só coisa" (Kierkegaard). "Melhor é ter um único diamante que ter uma coleção de bijuterias" (Jesus Cristo, paráfrase minha). "A vida é composta como uma partitura musical. O ser humano, guiado pelo sentido da beleza, escolhe um tema que fará parte da partitura da sua vida. Voltará ao tema, repetindo-o, modificando-o, desenvolvendo-o, transpondo-o, como faz um compositor com os temas de uma sonata. O homem, inconscientemente, compõe sua vida segundo as leis da beleza, mesmo nos instantes do mais profundo desespero" (Milan Kundera). Sem que o saibamos, estamos em busca do tema que dará sentido à nossa vida. Se vocês não sabem disso, esse é o objetivo da psicanálise, pelo menos da

psicanálise que pratico: temos que descobrir a música que toca dentro do nosso corpo, inaudivelmente, a despeito dos ruídos da estática que enchem nosso espaço.

2. Um amigo querido, Hugo Assmann, há anos, disse-me, com um sorriso: "Rubem, faz anos que você fala sempre sobre a mesma coisa". É verdade. Não importa sobre o que eu esteja falando: eu falo sobre o tema que enche minha alma de alegria.

3. Por vezes o tema é um sonho impossível. Os homens realistas, banqueiros, empresários, burocratas (lembram-se da lógica dos macacos?), ao verem o nosso sonho, dizem, com um sorriso de desdém: "Sonhador romântico! Os sonhos nunca se realizarão". Respondo com um poeminha do Mario Quintana: "Se as coisas são inatingíveis... ora! / Não é motivo para não querê-las... / Que tristes os caminhos, se não fora / A mágica presença das estrelas!".

4. Meu único desejo, meu tema musical, meu diamante é a educação. Não acredito que exista coisa mais bela que ser um educador. Sabedoria de Nietzsche: "a única felicidade está na razão. A mais alta razão se encontra na obra do artista. Mas há algo que poderia resultar numa felicidade ainda maior: gerar e educar um ser humano".

5. Minha estrela é a educação. Educar não é ensinar matemática, física, química, geografia, português. Essas coisas podem ser aprendidas nos livros e nos computadores. Dispensam a presença do educador. Educar é outra coisa. De um educador pode-se dizer o que Cecília Meireles disse de sua avó – que foi quem a educou: "Teu corpo era um espelho pensante do universo". O educador é um corpo cheio

de mundos. A Cecília olhava para o corpo de sua avó e via um universo refletido nele. Lembram-se da estória do Gabriel García Márquez, "O afogado mais bonito do mundo"? Por isso o educador e seus discípulos estão ligados por laços de amor.

6. A primeira tarefa da educação é ensinar a ver. O mundo é maravilhoso, está cheio de coisas assombrosas. A contemplação das coisas assombrosas que enchem o mundo é um motivo de riso e felicidade. Zaratustra ria vendo borboletas e bolhas de sabão. A Adélia ria vendo tanajuras em voo e um pé de mato que dava flor amarela. Eu rio vendo conchas, teias de aranha e pipoca. Quem vê bem nunca fica entediado com a vida. O educador aponta e sorri – e contempla os olhos do discípulo. Quando seus olhos sorriem, ele se sente feliz. Estão vendo a mesma coisa. O fato de gastarmos horas na contemplação das imagens banais e grosseiras da televisão e de não gastarmos nenhum tempo comparável na contemplação dos assombros da natureza é uma indicação do ponto a que a nossa cegueira chegou. As coisas não são assombrosas para todos. Só para aqueles que aprenderam a ver. A visão tem que ser aprendida. Os olhos precisam ser educados. Alberto Caeiro disse que a primeira coisa que o Menino Jesus lhe ensinou foi "a olhar para as coisas". O Menino Jesus lhe "apontava todas as coisas que há nas flores" e lhe mostrava "como as pedras são engraçadas quando a gente as tem na mão e olha devagar para elas". Ver bem é uma experiência mística, sagrada. Quando digo que minha paixão é a educação estou dizendo que desejo ter a alegria de ver: os olhos dos meus discípulos, especialmente os olhos das crianças.

7. Ver não é o bastante. O assombro das coisas vistas provoca o pensamento. Queremos entender o que vemos. As crianças não cansam de perguntar "por quê?". Os olhos buscam o entendimento, a razão. Aristóteles estava certo ao iniciar a sua Metafísica dizendo que "todos nós temos, naturalmente, o desejo de entender". Mas, é claro, o desejo de entender, que frequentemente tem o nome de curiosidade, só aparece quando a inteligência é espicaçada pelo assombroso das coisas. Se não houver essa experiência de assombro a inteligência fica dormindo. O educador é um mostrador de assombros. Tudo é assombroso. Por exemplo: os *flamboyants* floridos pela cidade, fogo saindo das flores, grande incêndio. Pergunto: que professor levou seus alunos a ver os *flamboyants* incendiados? Primeiro, o prazer estético diante do assombroso. Depois, o prazer de compreender. Mas, para compreender, é preciso pensar. O pensamento é um filho do assombroso. Quando passamos do assombro das coisas para o desejo de pensar, passamos do visível para o invisível. Compreender é ver o invisível. Foi assim que nasceram as ciências. Copérnico: primeiro, o assombro dos céus estrelados; depois, a compreensão matemática (invisível!) dos movimentos das estrelas. Darwin: primeiro, o assombro diante da variedade das espécies vegetais e animais; depois, a compreensão (invisível!) da sua origem.

8. Diz Manoel de Barros: "Deus deu a forma. Os artistas desformam. É preciso desformar o mundo". Um jardim é uma "desformação" do mundo. Também uma moqueca. Uma bicicleta. Um balanço. Um par de óculos.

Um sapato. Uma casa. Uma lâmpada. Um forno. Nenhuma dessas coisas apareceu naturalmente, ao lado de pedras e árvores. Coisa maravilhosa esta: que os seres humanos, vendo as coisas assombrosas de que o mundo é feito e compreendendo o seu assombro, não fiquem satisfeitos. Querem fazer com as coisas assombrosas que estão no mundo outras coisas assombrosas que não se encontram lá. A educação, assim, além de implicar a aprendizagem da arte de ver, a aprendizagem da arte de pensar, implica também a aprendizagem da arte de inventar. Coisa deliciosa é ver a alegria da criança que aprendeu a dar um laço no sapato. Laço no sapato também é uma invenção, desformação.

9. Ver, pensar, inventar: essas são ferramentas e brincadeiras do corpo. O corpo vê, pensa e inventa em virtude da necessidade de viver. Dizem que os esquimós são capazes de identificar várias dezenas de *nuances* do branco. No mundo em que vivem, de neve permanente, a percepção das sutilezas do branco é vital. O branco do urso adormecido – sua caça, comida e sobrevivência – é diferente do branco do monte de neve em que ele se esconde. A inteligência dos beduínos nômades dos desertos jamais vai tentar entender as leis da navegação nem se ocupará da ciência da construção de barcos. O conhecimento surge sempre em resposta a desafios vitais práticos.

10. Metáfora: o corpo carrega sempre duas caixas. Numa mão, uma caixa de ferramentas. Na outra mão, uma caixa de brinquedos. Essas duas caixas definem os objetivos da educação.

11. Caixa de ferramentas: nela se encontram os objetos necessários para compreender e inventar. Úteis, indispensáveis à sobrevivência. Na caixa de ferramentas se encontram guardadas desde coisas concretas, como fogo, redes, facas, machados, hortas, bicicletas, computadores, até coisas abstratas, como palavras, operações matemáticas, teorias científicas.

12. Caixa de brinquedos: nela se encontram objetos inúteis que, sendo inúteis, são usados pelo prazer e pela alegria que produzem: música, literatura, pintura, dança, brinquedos, jardins, instrumentos musicais, poemas, livros, pinturas, culinária, dança...

13. Com a caixa de ferramentas e a caixa de brinquedos os seres humanos não só sobrevivem, mas sobrevivem com alegria. A caixa de ferramentas, sozinha, produz poder sem alegria. Vida forte mas vida boba, sem sentido. Os seres humanos ficam embrutecidos. O conhecimento, sozinho, é embrutecedor. A caixa de brinquedos, sozinha, está cheia de prazeres e alegrias. Mas os prazeres e alegrias, sozinhos, são fracos. E a vida, sem poder, é vida fraca, incapaz de responder aos desafios práticos da sobrevivência. E vem a morte. Sábio é aquele que possui as duas caixas... O homem sábio planta hortas – coisas boas para comer e viver – e planta jardins – coisas boas de ver, cheirar, degustar...

14. Tarefa do educador: ajudar os discípulos a construir suas caixas de ferramentas e suas caixas de brinquedos... Pergunto se as escolas fazem isso. Talvez seja necessário ver, pensar e inventar – uma escola diferente... Esse é o meu sonho!

JARDINS

Comecei a gostar dos livros mesmo antes de saber ler. Descobri que os livros eram um tapete mágico que me levava instantaneamente a viajar pelo mundo... Lendo, eu deixava de ser o menino pobre que era e me tornava um outro. Eu me vejo assentado no chão, num dos quartos do sobradao do meu avô. Via figuras. Era um livro, folhas de tecido vermelho. Nas suas páginas alguém colara gravuras, recortadas de revistas. Não sei quem o fez. Só sei que quem o fez amava as crianças. Eu passava horas vendo as figuras e não me cansava de vê-las de novo. Um outro livro que me encantava era o *Jeca Tatu*, do Monteiro Lobato. Começava assim: "Jeca Tatu era um pobre caboclo...". De tanto ouvir a estória lida para mim, acabei por sabê-la de cor. "De cor": no coração. Aquilo que o coração ama não é jamais esquecido. E eu o "lia" para minha tia Mema, que estava doente, presa numa cadeira de balanço. Ela ria o seu sorriso suave, ouvindo minha leitura. Um outro livro que eu amava pertencera à minha mãe criança. Era um livro muito velho. Façam as contas: minha mãe nasceu em 1896... Na capa havia um menino e uma menina que brincavam com o globo terrestre. Era um livro que me fazia viajar por países e povos distantes e estranhos. Gravuras apenas. Esquimós, em suas roupas de couro, dando tiros para o ar, saudando o fim do seu longo inverno. Embaixo, a explicação: "Onde os esquimós vivem, a noite é muito longa; dura seis meses". Um crocodilo, bocarra enorme aberta, com seus dentes pontiagudos, e um negro se arrastando em sua direção, tendo na mão direita um pau com duas pontas afiadas. O que ele queria era introduzir o pau na boca do crocodilo, sem que ele se desse conta. Quando o crocodilo fechasse a boca estaria fisgado e haveria festa e comedoria! Na gravura dedicada aos Estados Unidos havia um edifício, com a explicação assombrosa: "Nos Estados Unidos, há casas com 10 andares...". Mas a gravura que mais mexia comigo representava um menino e uma menina brincando de fazer um jardim. Na verdade, era mais que um jardim. Era um minicenário. Haviam feito montanhas de terra e pedra. Entre as montanhas, um lago cuja água, transbordando, se transformava num riachinho. E, às suas margens, o menino e a menina haviam plantado uma floresta de pequenas plantas e musgos. A menina enchia o lago com um regador. Eu não me contentava em ver o jardim: largava o livro e ia para a horta, com a ideia de plantar um jardim parecido. E assim passava toda uma tarde, fazendo o meu jardim e usando galhos de hortelã como as árvores da floresta... Onde foi parar o livro da minha mãe? Não sei. Também não importa. Ele continua aberto dentro de mim.

Bachelard se refere aos "sonhos fundamentais" da alma. "Sonhos fundamentais": o que é isso? É simples. Há sonhos que nascem dos eventos fortuitos, peculiares a cada pessoa. Esses sonhos são só delas: sonhos acidentais, individuais. Mas há certos sonhos que moram na alma de todas as pessoas. Jung deu a esses sonhos universais o nome de "arquétipos". Esses são os sonhos fundamentais. O fato de termos, todos, os mesmos sonhos fundamentais cria a possibilidade de "comunhão". Ao compartilhar os mesmos sonhos descobrimo-nos irmãos. Um desses sonhos fundamentais é um "jardim".

Faz de conta que sua alma é um útero. Ela está grávida. Dentro dela há um feto que quer nascer. Esse feto que quer nascer é o seu sonho. Quem engravidou a sua alma, eu não sei. Acho que foi um ser de um outro mundo... Imagino que o tal de *big-bang* a que se referem os astrônomos foi Deus ejaculando seu grande sonho e soltando pelo vazio milhões, bilhões, trilhões de sementes. Em cada uma delas estava o sonho fundamental de Deus: um jardim, um Paraíso... Assim, sua alma está grávida com o sonho fundamental de Deus...

Mas toda semente quer brotar, todo feto quer nascer, todo sonho quer se realizar. Sementes que não nascem, fetos que são abortados, sonhos que não são realizados se transformam em demônios dentro da alma. E ficam a nos atormentar. Aquelas tristezas, aquelas depressões, aquelas irritações – vez por outra elas tomam conta de você. Aposto que são o sonho de jardim que está dentro e não consegue nascer. Deus não tem muita paciência com pessoas que não gostam de jardins...

Menino, os jardins eram o lugar de minha maior felicidade. Dentro da casa os adultos estavam sempre vigiando: "Não mexa aí, não faça isso, não faça aquilo...". O Paraíso foi perdido quando Adão e Eva começaram a se vigiar. O inferno começa no olhar do outro que pede que eu preste contas. E como as crianças são seres paradisíacos, eu fugia para o jardim. Lá eu estava longe dos adultos. Eu podia ser eu mesmo. O jardim era o espaço da minha liberdade. As árvores eram minhas melhores amigas. A pitangueira, com seus frutinhos sem-vergonha. Meu primeiro furto foi o furto de uma pitanga: "furto" – "fruto" – é só trocar uma letra... Até mesmo inventei uma maquineta de roubar pitangas... Havia uma jabuticabeira que eu considerava minha, em especial. Fiz um rego à sua volta para que ela bebesse água todo dia. Jabuticabeiras regadas sempre florescem e frutificam várias vezes por ano. Na ocasião da florada era uma festa. O perfume das suas flores brancas é inesquecível. E vinham milhares de abelhas. No pé de nêspera eu fiz um balanço. Já disse que balançar é o melhor remédio para depressão. Quem balança vira criança de novo. Razão por que eu acho um crime que, nas praças públicas, só haja balancinhos para crianças pequenas. Há de haver balanços grandes para os grandes! Já imaginaram o pai e a mãe, o avô e a avó, balançando? Riram? Absurdo? Entendo. Vocês estão velhos. Têm medo do ridículo. Seu sonho fundamental está enterrado debaixo do cimento. Eu já sou avô e me rejuvenesço balançando até tocar a ponta do pé na folha do caquizeiro onde meu balanço está amarrado!

Crescido, os jardins começaram a ter para mim um sentido poético e espiritual. Percebi que a *Bíblia Sagrada* é um livro construído em torno de um jardim. Deus se cansou da imensidão dos céus e sonhou... Sonhou com um... jardim. Se ele – ou ela – estivesse feliz lá no céu, ele ou ela não teria se dado ao trabalho de plantar um jardim. A gente só cria quando aquilo que se tem não corresponde ao sonho. Todo ato de criação tem por objetivo realizar um sonho. E quando o sonho se realiza, vem a experiência de alegria. Nos textos de Gênesis está dito que, ao término do seu trabalho, Deus viu que tudo "era muito bom". O mais alto sonho de Deus é um jardim. Essa é a razão por que no Paraíso não havia templos e altares. Para quê? "Deus andava pelo meio do jardim...". Gostaria de saber quem foi a pessoa que teve a ideia de que Deus mora dentro de quatro paredes! Uma coisa eu garanto: não foi ideia dele. Seria bonito se as religiões, em vez de gastarem dinheiro construindo templos e catedrais, usassem esse mesmo dinheiro para fazer jardins onde, evidentemente, crianças, adultos e velhos poderiam balançar e tocar os pés nas folhas das árvores. Ninguém jamais viu a Deus. Um jardim é o seu rosto sorridente... E se vocês lerem as visões dos profetas, verão que o Messias é jardineiro: vai plantar de novo o Paraíso: nascerão regatos nos desertos, nos lugares ermos crescerão a murta (perfumada!), as oliveiras, as videiras, as figueiras, os pés de romã, as palmeiras... E lá, à sombra das árvores, acontecerá o amor... Leia o livro *Cântico dos cânticos*!

Pensei, então, que o ato de plantar uma árvore é um anúncio de esperança. Especialmente se for uma árvore de crescimento lento. E isso porque, sendo lento o seu crescimento, eu a plantarei sabendo que nem vou comer dos seus frutos, nem vou me assentar à sua sombra.... Eu a plantarei pensando naqueles que comerão dos seus frutos e se assentarão à sua sombra. E isso bastará para me trazer felicidade!

"... É ASSIM QUE ACONTECE A BONDADE..."

"Se te perguntarem quem era essa que às areias e aos gelos quis ensinar a primavera...": é assim que Cecília Meireles inicia um dos seus poemas. Ensinar primavera às areias e aos gelos é coisa difícil. Gelos e areias nada sabem sobre primaveras... Pois eu desejaria saber ensinar a solidariedade a quem nada sabe sobre ela. O mundo seria melhor. Mas como ensiná-la?

Será possível ensinar a beleza de uma sonata de Mozart a um surdo? Como, se ele não ouve? E poderei ensinar a beleza das telas de Monet a um cego? De que pedagogia irei me valer para comunicar cores e formas a quem não vê? Há coisas que não podem ser ensinadas. Há coisas que estão além das palavras. Os cientistas, filósofos e professores são aqueles que se dedicam a ensinar as coisas que podem ser ensinadas. Coisas que podem ser ensinadas são aquelas que podem ser ditas. Sobre a solidariedade muitas coisas podem ser ditas. Por exemplo: acho possível desenvolver uma psicologia da solidariedade. Acho também possível desenvolver uma sociologia da solidariedade. E, filosoficamente, uma ética da solidariedade... Mas os saberes científicos e filosóficos da solidariedade não ensinam a solidariedade, da mesma forma como a crítica da música e da pintura não ensina às pessoas a beleza da música e da pintura. A solidariedade, como a beleza, é inefável; está além das palavras.

Palavras que ensinam são gaiolas para pássaros engaioláveis. Os saberes, todos eles, são pássaros engaiolados. Mas a solidariedade é um pássaro que não pode ser engaiolado. Ela não pode ser dita. A solidariedade pertence a uma classe de pássaros que só existem em voo. Engaiolados, esses pássaros morrem.

A beleza é um desses pássaros. A beleza está além das palavras. Walt Whitman tinha consciência disso quando disse: "Sermões e lógicas jamais convencem. O peso da noite cala bem mais fundo em minha alma...". Ele conhecia os limites das suas próprias palavras. E Fernando Pessoa sabia que aquilo que o poeta quer comunicar não se encontra nas palavras que ele diz: aparece nos espaços vazios que se abrem entre elas, as palavras. Nesse espaço vazio se ouve uma música. Mas essa música – de onde vem ela se não foi o poeta que a tocou?

Não é possível fazer uma prova colegial sobre a beleza porque ela não é um conhecimento. Nem é possível comandar a emoção diante da beleza. Somente atos podem ser comandados. "Ordinário! Marche!", o sargento ordena. Os recrutas obedecem. Marcham. À ordem segue-se o ato. Mas sentimentos não podem ser comandados. Não posso ordenar que alguém sinta a beleza que estou sentindo.

O que pode ser ensinado são as coisas que moram no mundo de fora: astronomia, física, química, gramática, anatomia, números, letras, palavras.

Mas há coisas que não estão do lado de fora. Coisas que moram dentro do corpo. Estão enterradas na carne, como se fossem sementes à espera...

Sim, sim! Imagine isto: o corpo como um grande canteiro! Nele se encontram, adormecidas, em estado de latência, as mais variadas sementes – lembre-se da estória da Bela Adormecida! Elas poderão acordar, brotar. Mas poderão também não brotar. Tudo depende... As sementes não brotarão se sobre elas houver uma pedra. E também pode acontecer que, depois de brotar, elas sejam arrancadas... De fato, muitas plantas precisam ser arrancadas antes que cresçam. Nos jardins há pragas: tiriricas, picões...

Uma dessas sementes é a "solidariedade". A solidariedade não é uma entidade do mundo de fora, ao lado de estrelas, pedras, mercadorias, dinheiro, contratos. Se ela fosse uma entidade do mundo de fora ela poderia ser ensinada e produzida. A solidariedade é uma entidade do mundo interior.

Solidariedade nem se ensina, nem se ordena, nem se produz. A solidariedade tem que brotar e crescer como uma semente...

Veja o ipê florido! Nasceu de uma semente. Depois de crescer não haverá necessidade de nenhuma técnica, nenhum estímulo, nenhum truque para que ele floresça. Ângelus Silésius, místico antigo, tem um verso que diz: "A rosa não tem porquês. Ela floresce porque floresce". O ipê floresce porque floresce. Seu florescer é um simples transbordar natural da sua verdade.

A solidariedade é como o ipê: nasce e floresce. Mas não em decorrência de mandamentos éticos ou religiosos. Não se pode ordenar: "Seja solidário!". A solidariedade acontece como um simples transbordamento: as fontes transbordam... Da mesma forma que o poema é um transbordamento da alma do poeta, e a canção, um transbordamento da alma do compositor...

Disse que solidariedade é um sentimento. É esse o sentimento que nos torna humanos. É um sentimento estranho – que perturba nossos próprios sentimentos. A solidariedade me faz sentir sentimentos que não são meus, que são de um outro. Acontece assim: eu vejo uma criança vendendo balas num semáforo. Ela me pede que eu compre um pacotinho das suas balas. Eu e a criança – dois corpos separados e distintos. Mas, ao olhar para ela, estremeço: algo em mim me faz imaginar aquilo que ela está sentindo. E então, por uma magia inexplicável, esse sentimento imaginado se aloja em meus próprios sentimentos. Na verdade, desaloja meus sentimentos, pois eu vinha vindo, no meu carro, com sentimentos leves e alegres, e agora esse novo sentimento se coloca no lugar deles. O que sinto não são meus sentimentos. Foram-se a leveza e a alegria que me faziam cantar. Agora, são os sentimentos daquele menino que estão dentro de mim. Meu corpo sofre uma transformação: ele não é mais limitado pela pele que o cobre. Expande-se. Ele está agora ligado a um outro corpo que passa a ser parte dele mesmo. Isso não acontece nem por decisão racional, nem por convicção religiosa, nem por um mandamento ético. É o jeito natural de ser do meu próprio corpo, movido pela solidariedade. Acho que esse é o sentido do dito de Jesus de que temos de amar o próximo como amamos a nós mesmos. A solidariedade é a forma visível do amor. Pela magia do sentimento de solidariedade o meu corpo passa a ser morada do outro. É assim que acontece a bondade.

Mas fica pendente a pergunta inicial: como ensinar primaveras a gelos e areias? Para isso as palavras do conhecimento são inúteis. Seria necessário fazer nascer ipês no meio dos gelos e das areias! E eu só conheço uma palavra que tem esse poder: a palavra dos poetas. Ensinar solidariedade? Que se façam ouvir as palavras dos poetas nas igrejas, nas escolas, nas empresas, nas casas, na televisão, nos bares, nas reuniões políticas, e, principalmente, na solidão...

"O menino me olhou com olhos suplicantes.

E, de repente, eu era um menino que olhava com olhos suplicantes...".

Especificações técnicas

Fonte: Gatineau 11,5 p
Entrelinha: 17 p
Papel (miolo): Off-white 80 g/m²
Papel (capa): Cartão 250 g/m²